しっかり学ぼう！

外国語としてのスペイン語検定

エミリオ・ガジェゴ　山本浩史　著

SANSHUSHA

はじめに

　この本を手に取ったみなさんは、おそらくある程度以上スペイン語を勉強したことがある人だと思います。勉強はしたものの、どの程度できているのかわからない、それをどう形にしたらいいのかわからないとお考えではないでしょうか。

　一番、目に見える形になりやすいのは検定試験を受けることです。日本では日本スペイン協会が行っている「スペイン語検定」、スペイン文部省が行っている *Diploma de Español como Lengua Extranjera*（通称 DELE）や、国家資格である「通訳案内士試験」などがあります（2015 年 3 月現在）。「スペイン語検定」は読解と文法、「DELE」は総合力、「通訳案内士試験」はガイドとしての能力がそれぞれ問われます。

　基本となることは同じですし、試験に合格するには、正確に、速く、分量をこなすトレーニングが必要です。問題集や参考書などを使って動詞の意味や活用を覚えることはもちろん大事ですが、その覚えた動詞をどのように使うのか、どんな表現がどんな場面で使われるのか、そういった知識がより必要となってくるのです。

　本書では、基本的な事柄の応用に重点を置いて練習していきます。本番の試験ではありませんから、まずはゆっくり落ち着いて考えましょう。一度解いた問題も、後からもう一度見直してみて、速く解けるようになっているのかを確かめても良いでしょう。

　すばやくこなせるようになるには、正確さに加えて語彙力も必要になってきます。辞書の見出しに出ている意味だけでは不十分かもしれません。単語の意味は前後関係で変わってくることが多いので、1 文だけ見ていては間違ってしまうかもしれません。意味がよくわからないと思ったら、辞書を必ず引きましょう。専門書などを読んでいるとき以外で、辞書にその単語が載っていない可能性はほぼゼロです。「辞書に載っていない」と簡単に考えずに、綴りを確かめながら引きましょう。また、日本語の単語とスペイン語の単語が 1 対 1 で対応していることもあまりありません。日本語のある単語が表す意味はスペイン語では 2 語で表しているかもしれませんし、逆にスペイン語では 1 語で表すものを日本語では 2 語で表すかもしれません。また見出しに載っている意味も、どういう文脈で使われるのか、同じ文脈で使えるほかの単語はないのかなどと、いろいろ考えをめぐらせることが大事です。

つまりスペイン語に限らず外国語を勉強する際には、母語を運用する能力が問われることにもなるのです。自分の母語を使っていても、あまり人と話さない人、本や新聞を読まない人や文章を書かない人が外国語でうまく表現が出来るでしょうか？　そんなことはほぼありえないでしょう。日常的に表現力を磨くと、外国語学習もはかどると思います。

　結局のところ語学はセンスだなどという人がいますが、それは間違っていると思います。話が面白い面白くないというのはセンスに左右されますが、文法を正しく運用できるようになるというのは、ルールを守って正確に行動できるかどうか、つまりスポーツの基本と同じようなものです。ですので、基本となる事柄を何度も練習し、すばやく使いこなせるようになれば、とりあえずの目標は誰でも達成できるのです。語学を活かして誰かと仲良くなる、仕事にするなどはまた別な話だと思ってください。そのためには誰かと仲良くなるための能力、仕事をうまくこなすための能力が別に必要になります。

　外国語習得の道のりは長いものですが、それを乗り越えて新たな世界を目の当たりにしたときの達成感もまた大きいものです。みなさんもそんな経験をしてみませんか？

目次
Índice de materias

はじめに

📖 読解パート　　　　　　　　　　　　　　　　　1

　　第1章　人間関係・描写・性格　　　　　　　　　3
　　第2章　食事とレストラン　　　　　　　　　　　13
　　第3章　住宅　　　　　　　　　　　　　　　　　21
　　第4章　教育と職業　　　　　　　　　　　　　　29
　　第5章　旅行と余暇　　　　　　　　　　　　　　37

🎧 聴解パート　　　　　　　　　　　　　　　　　45

　　第1章　人間関係・描写・性格　　　　　　　　　65
　　第2章　食事とレストラン　　　　　　　　　　　69
　　第3章　住宅　　　　　　　　　　　　　　　　　73
　　第4章　教育と職業　　　　　　　　　　　　　　77
　　第5章　旅行と余暇　　　　　　　　　　　　　　81

✏️ 作文表現　　　　　　　　　　　　　　　　　　85

👥 口頭表現　　　　　　　　　　　　　　　　　　100

語彙集

　　第1章　人間関係・描写・性格　　　　　　　　　136
　　第2章　食事とレストラン　　　　　　　　　　　137
　　第3章　住宅　　　　　　　　　　　　　　　　　139
　　第4章　教育と職業　　　　　　　　　　　　　　140
　　第5章　旅行と余暇　　　　　　　　　　　　　　142

スペイン語検定の問題例　　　　　　　　　　　　　145
解答　　　　　　　　　　　　　　　　　　　　　　149

読解パート

聴解の3ポイント

読み解く時間はあるので、焦らずに落ち着いて内容を把握しましょう。

✓ 文章の主語

　入り組んだ文章を読んでいると、主語がわからなくなることもよくあるので、必ず主語の確認をしましょう。

✓ 動詞の活用

　動詞の活用と主語が合っているかどうか、確認しましょう。動詞の活用をしっかり覚えておきましょう。

✓ 目的語や目的格人称代名詞の位置と種類

　動詞を把握したら、動詞の意味が「誰・どこ・何に影響するのか」、つまり目的語が何かを考えましょう。

TAREA 1　文章を読んで、当てはまる選択肢を選ぶ問題です。文章の流れと内容をつかみましょう。必ずテーマがありますので、主題を考えましょう。

TAREA 2　短い指示や書き置きを読んで、それに対応する行動を示す文章を選ぶ問題です。どのように反応するかを考えて選びます。

TAREA 3　求人広告などの人探しの文章を読んで、当てはまる人物を表す文章を選びます。

TAREA 4　人物紹介を読んで、文章の空欄を埋める問題です。どの人物がどんな人間なのか、よく考えて文章を完成させます。

1

ウォームアップ練習

基本的な表現の意味を解釈し、スペイン語に慣れましょう。

① A: ¡Hola! ¿Cómo estás?
　B: Estoy bien. ¿Y tú?
　A: Bien, también.
　B: Entonces, vamos.

② A: ¡Oiga, por favor!
　B: Sí, dígame.
　A: ¿Dónde está la estación de autobuses?
　B: Está detrás de este edificio.

③ A: ¿Cómo se llama usted?
　B: Alejandro Iñárritu.
　A: ¿Eh? ¿Puede repetirme el apellido?
　B: Iñárritu. I, eñe, a, erre, i, te y u.

④ A: Estoy cansadísima.
　B: ¿Qué te pasa?
　A: Es que hoy he trabajado 16 horas.
　B: ¡Qué trabajadora eres!

第 1 章

人間関係・描写・性格

家族関係、友人関係などを含みます。自分の家族や、友達、友達の家族などの性格や描写を理解できるようにしましょう。親族関係の単語は限られていますが、スペイン語の家族に関する語彙は日本語よりも厳密なので注意しましょう。

TAREA 1

Lea este correo electrónico. A continuación, responda a cinco preguntas sobre el texto. Elija la respuesta correcta (a, b, c o d).

電子メールを読み、a 〜 d から適切なものを選びなさい。

Buenas,

¡Cuánto tiempo! Hace tiempo que no te escribo. ¿Sabes? Mi vida ha cambiado mucho últimamente. ¡He encontrado trabajo! Ahora voy todos los días a la oficina, que está cerca del centro de Madrid, en la Plaza de Colón. ¡Me encanta mi trabajo! Estoy en el departamento de importación de productos electrónicos, pero también hay otros departamentos, uno de exportación de coches, otro de ventas, otro de marketing... Trabajamos con muchos países, como Japón, Estados Unidos, Alemania, Holanda, etc. A veces tengo que viajar a China. Además, mis compañeros son muy simpáticos. Uno, que se llama Antonio, siempre me hace reír. A menudo nos vamos a tomar algo después del trabajo todos juntos. Da gusto esta empresa. Lo único malo es que a menudo tenemos que trabajar hasta tarde y después de salir de trabajar, no tengo tiempo para ir al supermercado para comprar comida. Tengo muchas ganas de comer sandía.

Escríbeme pronto. No sé nada de ti desde hace varias semanas.

Un abrazo,
Ana

1. **Ana escribe una postal sobre...**
   - a. sus compañeros de trabajo.
   - b. los países de Europa.
   - c. su nuevo trabajo.
   - d. su vida últimamente.

2. **Trabaja en...**
   - a. el departamento de ventas.
   - b. el departamento de exportación.
   - c. el departamento de marketing.
   - d. el departamento de importación.

3. **Va todos los días a...**
   - a. Madrid.
   - b. China.
   - c. el centro de Madrid.
   - d. la Plaza de Colón.

4. **Lo malo de la empresa es que...**
   - a. está cerca del centro de Madrid.
   - b. a menudo va a tomar algo con sus compañeros.
   - c. sus compañeros son muy simpáticos.
   - d. salir tarde.

5. **Ana tiene ganas de comer...**
   - a.
   - b.
   - c.
   - d.

TAREA 2

Lea estas notas. Relacione cada nota con la frase correspondiente. Hay tres notas que no debe seleccionar.
メモを読んで、それぞれのメモを適切な文に関連づけなさい。そのうち3つは使いません。

a. Tomar algo con los compañeros.
b. Reunión con un cliente.
c. Llamar a Federico.
d. Preparar la cena.
e. Cumpleaños de mi pareja.
f. Cita con el dentista.
g. Entrega de un informe.

1. Hemos quedado a las 20:00 en Bar Manolo.
2. Comprar un libro.
3. Comprar pescado, harina y aceite de oliva.
4. Ir a la tienda a recoger el regalo.
5. Lavarme los dientes.
6. Ir al hospital.
7. Leer la página web de la empresa de mi cliente.
8. Ver a las 15:00 a mi compañero de trabajo.
9. Federico me llamó esta mañana, pero no pude coger el teléfono.
10. Escribir todos los datos de ventas.

TAREA 3

Lea estos textos con anuncios de intercambios y clases particulares. Relacione cada texto con el número correspondiente. Hay tres anuncios que no debe seleccionar.

新聞広告を読んで、それぞれの広告を適切な人に関連づけなさい。広告のうち3つは使いません。

a. Estamos buscando a gente simpática, abierta y deportista para crear dos equipos de baloncesto en la ciudad. Queremos jugar todos los sábados un partido. Un equipo es masculino y el otro femenino. ¡Todos sois bienvenidos! Ah, y la edad. a partir de 20. Escribe a: nuevoequipo@mulhacen.es

b. Soy italiano. Vivo en España desde hace 5 años, pero todavía no hablo muy bien. Me gustaría conocer a alguien para hacer intercambio. Me llamo Paolo. paolominazzi@yahoo.it

c. ¡Hola! Me llamo Silvia y soy de esta ciudad, pero cuando era pequeña viví 5 años en Yokosuka, cerca de Tokio. Por eso, quiero hacer intercambio de idioma español-japonés con algún estudiante japonés. ¡Quiero recordar mi japonés! Me encantan todos los deportes, especialmente el baloncesto.
Escríbeme a: yokopeque@ozu.es

d. Busco chica para ser su amigo con intención de salir juntos en el futuro.
Me gusta la salsa y dar paseos por la playa. Me llamo Esteban.
Si te interesa, escríbeme a: estebanquiereconocerteguapa@gmail.com

7

e.
Doy clases de alemán y francés. Si quieres aprobar los exámenes oficiales de esos idiomas, yo soy tu solución. Soy Britta. Lo siento, pero no tengo correo electrónico, llámame a mi móvil:
627384773

f.
Tengo 51 años y estoy divorciada. Mis hijos ya son mayores y estoy buscando a alguien para pasar el resto de mi vida. Soy alegre, atenta y muy trabajadora. Tengo mi propia empresa.
Llama a Toñi: 609342873 o escribe a toñisanchez45@msn.com

g.
Profesor de inglés titulado y con mucha experiencia, se ofrece para dar clases a estudiantes de 12 a 18 años. Escríbeme a:
englishlessons@yahoo.co.uk
Me llamo Michael.

h.
Somos una familia con tres hijos pequeños. Vivimos en el centro de Barcelona. En verano queremos ir de vacaciones a la playa y buscamos a alguien para intercambiar casa. Tú nos dejas tu casa un tiempo y nosotros te ofrecemos la nuestra. Fechas a convenir. Escríbenos a:
garciaxpos76@latinmail.com

i.
Somos un grupo de estudiantes extranjeros, dos americanos, un alemán, una italiana y dos franceses. Estamos buscando gente para hacer una excursión todos juntos a las fallas de Valencia en abril. Más gente, más barato.
Si te interesa, ¡escríbenos! excursionalasfallas@gmail.com

j.
Tengo 35 años. Soy alemán. Me gusta mucho correr por el parque del Retiro. Busco un compañero/a para hacer deporte regularmente. Hablo español, inglés, y por supuesto, alemán.
Llámame: 634359827

1. Estoy en secundaria, tengo quince años. Creo que voy a suspender el inglés en el colegio. Necesito ayuda urgente.
2. Soy japonesa. Estoy estudiando en España durante 9 meses, pero todavía tengo muy pocos amigos españoles, y quiero practicar más.
3. Mi novio está estudiando en Berlín y quiero ir a verle, pero no sé alemán todavía. Quiero estudiar antes de ir y darle una sorpresa.
4. Soy malagueño. Vivo aquí por trabajo. Soy muy deportista, pero últimamente no practico ningún deporte. Quiero hacer ejercicio, moverme y hacer nuevos amigos. Soy sociable, hablo mucho y soy extrovertido.
5. Soy de Málaga, de un pueblo que se llama Benalmádena. Mi casa está cerca de la playa, pero en verano, quiero pasar unos días en Barcelona. Me gusta mucho esa ciudad, pero tengo poco dinero.
6. Soy viudo. Tengo 53 años y mucho tiempo libre. Soy mexicano pero siempre he vivido en España. Me gusta hablar, soy serio y optimista. Me encanta el cine.
7. Voy a estudiar todo el año en España, pero quiero viajar. Tengo muchas ganas de participar en las fiestas españolas. Especialmente las de Valencia.

TAREA 4

人物紹介を読んで、文章の空欄を埋める問題です。どの人物がどんな人間なのか、よく考えて文章を完成させましょう。

Lea los siguientes anuncios y complete las oraciones que aparecen a continuación con la información del texto.

情報を読んで、それに基づいて 1. 〜15. の文を完成させなさい。

Jesús

Edad: 32
Estado civil: Separado
Ocupación: Médico
Físico: Alto, moreno, pelo rizado, ojos verdes y tiene la cara llena de pecas.
Personalidad: Simpático y abierto.
Aficiones: Esquiar, jugar al fútbol y hablar inglés con sus amigos.

Horacio

Edad: 26
Estado civil: Casado
Ocupación: Ingeniero
Físico: Tiene gafas, barba y es muy grande.
Personalidad: Tímido pero activo y simpático
Aficiones: Leer novelas de misterio y comer tapas con sus amigos.

Patxi

Edad: 52
Estado civil: Casado
Ocupación: Funcionario
Físico: Un poco gordo, pelo corto con muchas canas y nariz grande.
Personalidad: Trabajador, un poco pesimista y detallista.
Aficiones: Jugar con sus nietos, escuchar música clásica y tocar la guitarra.

Montse

Edad: 24
Estado civil: Soltera
Ocupación: Estudiante
Físico: Ni gorda ni delgada, ojos azules, pelo largo y liso.
Personalidad: Romántica, sociable y un poco tacaña.
Aficiones: Jugar a las cartas, escuchar música pop e ir al cine.

Eulalia

Edad: 37
Estado civil: Casada
Ocupación: Contable
Físico: Baja, ojos grandes, pelo lacio, morena y lleva lentillas.
Personalidad: Extrovertida, animada, seria en su trabajo y cariñosa en casa.
Aficiones: Jugar con sus hijos, escribir su blog y contestar comentarios de su blog.

Imanol

Edad: 39
Estado civil: Divorciado
Ocupación: Maestro
Físico: Alto, fuerte, calvo, rubio, feucho y lleva gafas.
Personalidad: Inteligente, nervioso, ingenuo y correcto.
Aficiones: Leer tebeos, buscar novia y los coches.

Herminia

Edad: 26
Estado civil: Soltera
Ocupación: Secretaria
Físico: Ni alta ni baja, rubia, pelo largo y rizado, ojos negros.
Personalidad: Delicada, frágil graciosa.
Aficiones: Bailar con sus amigos en la discotecas, leer sentada en el parque, viajar.

Patricia

Edad: 18
Estado civil: Soltera
Ocupación: Cajera de supermercado
Físico: Alta, delgada
Personalidad: Simpática, tímida y centrada.
Aficiones: La moda, estudiar idiomas y viajar.

1. A Patxi le gusta _____, pero a Montse le gusta _____.
2. Herminia, Patricia y Montse son _____.
3. El estado civil de Jesús es _____.
4. Patricia e Imanol pueden leer el blog de _____.
5. Imanol y Horacio llevan _____.
6. Solo _____ tiene los ojos verdes.
7. Eulalia está _____.
8. Horacio y Herminia tienen _____ años.
9. Montse y Hermina llevan _____ largo.
10. La única persona que es calva se llama _____.
11. Imanol y Jesús son _____.
12. A Imanol, a Horacio y a Herminia les gusta _____.
13. Patricia y Horacio son tímidos y _____.
14. Patxi es _____ que Patricia.
15. Patricia es _____ que todos los demás.

第 2 章

食事とレストラン

レストランやバルでの外食の話や、毎日の食事の話ができるようにしましょう。バルの形態や、レストランでのコース料理（前菜・メイン・デザート）やよくあるメニューの名前、毎日の食事の回数・時間帯などを把握しましょう。

TAREA 1

Lea este correo electrónico. A continuación, responda a cinco preguntas sobre el texto. Elija la respuesta correcta (a, b, c, d).

電子メールを読み、a～dから適切なものを選びなさい。

Hola, Enrique:

¿Cómo te va todo? Hace bastante que no te escribo. Mi vida está cambiando muchísimo en los últimos seis meses. ¡Ahora vivo en Albacete!

Esta ciudad es muy pequeña. Por eso hay muy pocos japoneses y puedo hablar en español todo el día con mis amigos, con la gente de las tiendas cerca de mi casa,... Pero a veces tengo ganas de hablar en japonés.

Es una ciudad muy tranquila, pero aquí estoy haciendo cosas todo el día. Me levanto muy temprano, desayuno pan con mantequilla, me lavo los dientes, me ducho y salgo a clase de cerámica. Estoy toda la mañana con el maestro de cerámica y más o menos, desde la 13:30 hasta las 16:00, almuerzo. Aquí la hora del almuerzo es larguísima. Primero las tapas, ya sabes, jamón serrano, queso manchego, fritura de pescado, calamares, pinchitos, etc. Pero claro, eso es solo el principio. Después, hay que comer el almuerzo. Normalmente, hay menú del día en cualquier bar. Primer plato, segundo plato y postre. Todos los días llevo este ritmo de comer y... ¡Ya he engordado 5 kilos! Por eso, desde la semana que viene, voy a ir al gimnasio 3 veces a la semana. Tengo que mantener mi línea.

Quiero verte. ¿Por qué no vienes a Albacete? ¡Seguro que te gusta!

Un abrazo,
Taro

1. ¿Cuál es el tema del correo electrónico?
   - a. Su vida en Albacete.
   - b. Albacete.
   - c. Las clases de Taro.
   - d. La comida.

2. Le gusta Albacete porque:
   - a. Es una ciudad tranquila.
   - b. Tiene pocos habitantes.
   - c. Hay pocos japoneses y puede hablar mucho español.
   - d. Puede comer mucho.

3. ¿Para qué escribe a su amiga?
   - a. Para hablarle sobre la comida.
   - b. Para saludarle.
   - c. Para contarle su vida.
   - d. Para invitarle unos días a Albacete.

4. Según el correo, Taro:
   - a. Vive en Albacete 6 meses.
   - b. Ha engordado 5 kilos.
   - c. Le gusta el jamón serrano.
   - d. Le gusta hablar siempre en español.

5. Para perder peso, quiere empezar a ir a:

   a.  b.  c.  d.

TAREA 2

Lea estas notas. Relacione cada nota con la frase correspondiente. Hay tres notas que no debe seleccionar.

メモを読んで、それぞれのメモを適切な文に関連づけなさい。そのうち、3つは使いません。

a. Llamar a Juana para pedir receta de tarta al whisky.

b. Receta de paella en www.paella.com

c. 18:00 Comprar plátanos, manzanas y una sandía.

d. 12:30 Comprar chuletas, solomillos y jamón.

e. 12:00 Recoger pollo asado en grandes almacenes.

f. Comprar marisco y arroz para cocinar

g. Mediodía. Al bar con María.

h. 20:30 Restaurante ¡Cómeme!

i. No hay nada en el frigorífico

j. 16:30 Todos a casa de Torcuato

1. Tomar tapas.
2. Cenar en un restaurante.
3. Ir a la frutería.
4. Ir al centro comercial.
5. Tomar café con los compañeros de clase.
6. Cocinar paella.
7. Ir a la carnicería.

TAREA 3

Lea estos textos con anuncios. Relacione cada texto con el número correspondiente. Hay tres anuncios que no debe seleccionar.

広告を読んで、それぞれの広告を適切な人に関連づけなさい。そのうち3つは使いません。

a.
Gorotoc
Comida rápida.
Hamburguesas, sandwiches y minipizzas congeladas.
Todo listo en 3 minutos.
Abierto 24 horas.
Solo local y recoger.

b.
Mei Hua
Comida china de Pekín.
Horario
  13:30 - 15:30
  20:30 - 24:00
Un plato de cortezas chinas si menciona este anuncio.
25 euros por persona.

c.
Comida para llevar y a domicilio.

d.
Tragaldabas
Buffet libre.
Come y bebe todo lo que quieras (y puedas).
10 euros por persona 13:00-15:00.
Si te dejas algo, 5 euros de penalización.
No abrimos por la noche.

e.
Platos combinados

f.
Taberna del irlandés
Tómate un par de copas y disfruta de música de la buena. Gran selección de cervezas nacionales y de importación
Cócteles nacionales 3 euros
No servimos alcohol a menores.

g.
Kikunohana
Restaurante japonés
Gran selección de pescados.
También tenemos tempura de verdura.
Menú nocturno por 27 euros
Solo servimos sake a mayores de 18 años.

h.

Bar de tapas Manolo
Abrimos ininterrumpidamente
de 13:00 a 2:00
Gran selección de tapas

Rosca de lomo con alioli
Pinchitos
Brocheta
Croquetas
Calamares fritos
Sardinas
Anchoas

1,5 euros por bebida con tapa
Cerramos los lunes

j.

Mesón Roma
Menú del día

Primeros
   Sopa de ajo
   Ensalada mixta
   Espárragos

Segundos
   Lomo con patatas
   Merluza con patatas a lo pobre
   Lentejas

Postre y bebida incluidos

             €7,99 (IVA incluido)

i.

Pizzas a go go

Pizzas italianas y toda clase
de pasta
Abrimos todos los días de
10:00 a 23:30
Llame y disfrute de nuestras
especialidades.

0. Soy italiano y hoy me apetece comer algo de mi país.
1. Hoy quiero comer de tapeo.
2. Buscamos un restaurante de comida asiática. Nos encanta el sushi, sobre todo el maki de atún. No queremos gastar más de 30 euros por persona.
3. Queremos comer un menú completo con postre por menos de 8 euros.
4. Tenemos hambre, queremos comer mucho. Pero solo tenemos 12 euros caela uno.
5. Ya hemos comido. Ahora queremos beber y bailar.
6. No quiero cocinar porque estoy muy cansado. Estoy pensando en pedir comida hecha.

TAREA 4

お店の広告を読んで空欄を埋める問題です。どのお店がどんなものを提供しているのか、よく考えて文章を完成させましょう。

Lea los siguientes anuncios y complete las oraciones que aparecen a continuación con la información del texto.

情報を読んで、1.〜8. の文の下線を埋めて文を完成しなさい。

Mercadón
Le ha atendido: Maribel Garrido

1/2 kilo de ternera	6,50€
2 litros de leche	3,20€
3 kilos de patatas	1,80€
8 yogures	2,65€

4 artículos
Total: _____ 14,15€

Coprob
Dependiente: Marcelo Torrelavega

1 l de aceite de oliva	2,35€
1/2 docena de huevos	0,85€
1 l de aceite de girasol	1,40€
2 kg de tomates	2,80€
1 lata de mejillones	1,30€
2 barras de pan	1,38€

6 productos
Total: _____ 10,08€

Aeroska
Atendido por: María José Beltrán

3/4 de carne de hamburguesa	2,68€
3 l de zumo de naranja	1,80€
1 bolsa de patatas fritas	0,54€
1 tripa de longaniza	2,00€

4 prod.
Total: _____ 7,02€

Super Mogar
Cajero: María del Carmen

1 lata de aceitunas	1,30€
1 l de aceite de girasol	1,00€
600 g de queso manchego	5,37€
2 paquetes de arroz	2,80€
1 paquete de cereales	2,30€

5 artículos
Total: _____ 12,77€

Unigrón
Dependiente: Silvia Gutiérrez

2 kg de salmón	12,42€
1 kg de gambas	18,77€
1 lata de atún	0,69€
2 kg de peras	2,50€

4 art.
Total: _____ 34,38€

Simogo
Le ha atendido: Xiang Pao

1/2 kg de cordero	7,55€
1 kilo de conejo	10,10€
1 bote de frutos secos	5,13€
1 paquete de mantequilla	1,25€
345 g de lechuga	1,50€

5 prod.
Total: _____ 20,40€

Los Monteros
Cajero: Miguel Gálvez

2 litros de leche	3,20€
3 kilos de patatas	5,00€
1/2 kilo de ternera	8,35€
8 yogures	3,85€

4 art.
Total: _____ 20,40€

Cooperativa Udanca
Le atiende: Vicenta Miraflor

1/2 kilo de berenjenas	2,21€
1 botella de vino blanco	5,74€
1/2 queso	3,00€

3 artículos
Total: _____ 10,95€

1. _____ es el supermercado más caro.
2. La compra con más productos es la de _____.
3. Hay un bote de frutos secos en el tique de compra de _____.
4. El cliente de _____ y de _____ han comprado aceite de girasol.
5. _____ trabaja en Udanca.
6. Las compras de _____ y de _____ son iguales.
7. La compra más barata es en _____.
8. Hay atún en el tique de _____.

第 3 章

住 宅

まず一般的に住居について話せるようにしましょう。一軒家なのか、マンションなのか、どんな部屋があるのか、都市部なのか田園地帯なのかなど、スペイン語で説明できるようにしましょう。また、スペイン語圏での住宅事情について知りましょう。学生の多くが親元を離れてルームシェアをしているなど、日本とは違う生活習慣についても調べておきましょう。

TAREA 1

Lea este correo electrónico. A continuación, responda a cinco preguntas sobre el texto. Elija la respuesta correcta (a, b, c o d)

電子メールを読み、a～d から適切なものを選びなさい。

Saludos, Dani:

¿Qué tal te va todo? La semana pasada me mudé. ¡Por fin! No quería seguir viviendo tan lejos. Mi piso está ahora en el centro de Barcelona, cerca de la Plaza de Cataluña. El edificio es muy viejo, pero tiene mucha luz. Dicen que Gaudí diseñó parte de la decoración. Vivo en el octavo piso. El piso está justo en una de las esquinas y tiene muchísima luz. Además, el balcón es enorme y se puede hasta comer allí. ¡Parece un sueño hecho realidad!

El piso que he alquilado es bastante grande. Tiene un salón enorme. Allí podré hacer fiestas de vez en cuando. Mi habitación tiene una cama de matrimonio, un armario empotrado y dos mesitas de noche. Las cortinas tienen un diseño muy bonito. Aparte de mi dormitorio, hay otro para los invitados con una cama plegable. Cuando no tengo invitados, lo uso como cuarto de estudio, por eso he puesto un escritorio. Ah, y el cuarto de baño es lo mejor. ¡Es verde pistacho, mi color preferido! La cocina es muy pequeña, pero tiene todo lo necesario, un frigorífico, un microondas y la cocina es de vitrocerámica. Solo tengo que comprar una lavadora y será la casa de mis sueños.

Dani, espero tener noticias tuyas pronto.

Un besazo,
Alicia

Lectura 読解パート

1. **Alicia escribe un correo sobre:**
   - ☐ a. su mudanza.
   - ☐ b. su nuevo piso.
   - ☐ c. el edificio donde vive.
   - ☐ d. la ciudad donde vive.

2. **Su piso...**
   - ☐ a. es moderno.
   - ☐ b. tiene ocho pisos.
   - ☐ c. es barato.
   - ☐ d. es espacioso y luminoso.

3. **En su piso hay...**
   - ☐ a. un dormitorio.
   - ☐ b. un dormitorio y un salón.
   - ☐ c. dos dormitorios.
   - ☐ d. un balcón pequeño.

4. **Alicia antes vivía...**
   - ☐ a. cerca del centro.
   - ☐ b. en las afueras.
   - ☐ c. en otra ciudad.
   - ☐ d. lejos del centro.

5. **Alicia quiere comprar...**

a.  b.  c.  d.

TAREA 2

Lea estas notas. Relacione cada nota con la frase correspondiente. Hay tres notas que no debe seleccionar.
メモを読んで、それぞれのメモを適切な文に関連づけなさい。そのうち3つは使いません。

a. Almuerzo con Pedro.

b. Miércoles. Pagar el alquiler al dueño.

c. Enviar fotos del viaje por carta.

d. Decirles a mi familia cuándo llego a la estación.

e. Jueves. Preguntar por precios de mesas.

f. Ir a la tienda de electrodomésticos.

g. Reservar apartamento para las vacaciones.

h. Ver en internet ofertas de alquiler para el curso próximo.

i. Poner la lavadora.

j. Comprar una escoba y paños.

1. Comer a mediodía con un amigo.
2. Escribir un correo electrónico a mi hermano.
3. Lavar la ropa.
4. Limpiar la casa.
5. Llamar al casero.
6. Buscar piso para después de agosto.
7. Comprar un microondas.

TAREA 3

Lea estos textos con anuncios. Relacione cada texto con el número correspondiente. Hay tres anuncios que no debe seleccionar.

広告を読んで、それぞれの広告を適切な人に関連づけなさい。そのうち3つは使いません。

a.
Oportunidad
Alquilo estudio de 40 m² para estudiantes.
Amueblado y con cocina y baño.
Bien comunicado.
200 euros al mes.
Interesados, llamar a: 93-485928

b.
Piso en el centro de Madrid
Alquilo piso desde septiembre. 450 €/mes. Tiene 2 dormitorios, 1 baño, cocina, salón, amplio balcón y garaje. Está completamente amueblado. Es muy bonito y está muy bien comunicado.
Consultar precio por estancia larga llamando al 91-28473921.

c.
Se alquila habitación de piso compartido en Menorca (capital).
Es un piso de cinco dormitorios, viven 3 chicos, 1 es estudiante y 2 trabajan. La casa tiene dos cuartos de baño, cocina comedor y todo está amueblado. También es muy soleado porque es un séptimo piso exterior. El balcón da a una plaza cercana a la playa.
Interesados, escribir a: marianogutipon@ozu.es

d.
Inmobiliaria Tres Pinos
Venta de piso de 87m², y terraza de 40m² en calle Victor Galán.
3 habitaciones, 2 baños, salón, cocina, trastero de 12m² y plaza de garaje.
Amueblado, aire acondicionado, calefaccion individual de gas.
Cerca de colegios, centro de salud, transporte, ocio y alimentación.

e.
Particular vende piso en Granada
Exterior
5 dormitorios
160 m^2
Última planta
En Camino de Ronda a la altura del río
Para más información:
958275003

f.
Ofinmobil
Vendemos y alquilamos oficinas en la capital.
Céntricas.
Con 2, 4 o 6 despachos.
Más ofertas en:
www.ofinmobil.es

g.
Vendo o alquilo ático en las afueras. (zona sur)
Urbanización con piscina y amplios jardines.
4 dormitorios, salón, sala de estar, gran terraza, cocina de 17 m^2.
2 baños completos. Vistas espectaculares de la ciudad. Plaza de garaje.
Cerca de la estación de tren y autobuses, colegios y una guardería.

h.
Se vende chalet
3 pisos
Amplio jardín
Piscina de 9x4
Cochera para dos coches
En carretera de Murcia km 5

Precio: 235.000 euros
Llamar al: 602485771

i.
Oficinas MARTÍNEZ
Alquiler de oficinas en las afueras.
Precios baratos.
1 o 2 despachos.
Llamar al: 91-4850394

j.
Vendemos un chalet adosado
Zona Rozas
8 habitaciones
3 baños
Cerca de la estación y de la entrada la autovía
Precio: 575,000 euros
Tlf.: 676485231
O escribe al: vendocasaenlasrozas@hotmail.es

0. Busco un estudio barato y con muebles.
1. Necesitamos una oficina para alquilar con 4 despachos. La preferimos en el centro.
2. Queremos comprar un piso grande en una urbanización y con buenas vistas
3. Compro piso bien comunicado.
4. Estamos pensando en gastarnos más o menos 300,000 euros en un chalet. Tiene que tener garaje para dos coches.
5. Estoy buscando un piso amueblado para alquilar desde septiembre.
6. Quiero vivir en un piso compartido soleado.

TAREA 4

Lea los siguientes anuncios y complete las oraciones que aparecen a continuación con la información del texto.

情報を読んで、1.～8.の下線を埋めて文を完成しなさい。

Alquiler en Barcelona	Alquiler en Sevilla	Venta/alquiler en Málaga	Venta/alquiler en San Sebastián	Alquiler en Pamplona
Piso	**Estudio**	**Chalet**	**Piso**	**Casa**
Dormitorios: **4**	Dormitorios: **1**	Dormitorios: **6**	Dormitorios: **3**	Dormitorios: **4**
Baños: **2**	Baños: **1**	Baños: **2**	Baños: **1**	Baños: **2**
Terraza: **Sí**	Terraza: **No**	Terraza: **Sí**	Terraza: **No**	Terraza: **Sí**
Ascensor: **Sí**	Ascensor: **No**	Ascensor: **No**	Ascensor: **No**	Ascensor: **No**
Garaje: **No**	Garaje: **No**	Garaje: **Sí**	Garaje: **No**	Garaje: **Sí**
Aire acondicionado: **Sí**	Aire acondicionado: **Sí**	Aire acondicionado: **No**	Aire acondicionado: **No**	Aire acondicionado: **No**
Calefacción: **Sí**	Calefacción: **Sí**	Calefacción: **Sí**	Calefacción: **Sí**	Calefacción: **Sí**
Piscina: **No**	Piscina: **No**	Piscina: **Sí**	Piscina: **No**	Piscina: **No**
Soleado: **Sí**	Soleado: **Sí**	Soleado: **Sí**	Soleado: **No**	Soleado:

1. Todas las viviendas tienen _____.
2. La única vivienda con ascensor es un _____ y está en _____.
3. La vivienda con más habitaciones está en _____.
4. Para una vivienda soleada, tengo que vivir en _____, _____ o en _____.
5. Si tengo coche, tengo que comprar la vivienda de Pamplona o de _____.
6. La vivienda más pequeña está en _____.
7. Se puede comprar un piso con piscina en _____.
8. Las viviendas de Sevilla y San Sebastián son las únicas que tienen solo _____.

第 4 章

教育と職業

学校組織、学校によくある施設の名前など、意外と知らない単語が多いかもしれません。課目名なども忘れがちです。基本の単語をしっかり押さえましょう。

TAREA 1

Lea este correo electrónico. A continuación, responda a cinco preguntas sobre el texto. Elija la respuesta correcta (a, b, c o d).

電子メールを読み、a〜dから適切なものを選びなさい。

Hola papá, hola mamá:

¿Cómo estáis? Tengo buenas noticias. ¡He conseguido un trabajo por horas! El lunes pasado, mi primer día. Soy asistente en un despacho de abogados. Mi trabajo consiste en preparar los documentos para mi jefe y responder el teléfono, pero no tengo que asistir al juzgado. Me alegro de estudiar Derecho.

Mi horario no está mal, es de lunes a viernes de 16:00 a 20:00. Así, puedo seguir estudiando sin problema. Mis jefes son muy estrictos, pero me enseñan muchas cosas. Estoy aprendiendo muchísimo cada día. Creo que a veces tengo que trabajar los fines de semana.

En la universidad, todo va bien. Hay algunas clases muy, muy difíciles, pero espero aprobar. Después de las clases, intento estudiar en la biblioteca solo o con mis amigos. Los fines de semana son también para estudiar, pero el sábado por la noche, salgo con mis amigos. No os preocupéis, no bebo demasiado.

Creo que esto es todo. El mes próximo hay puente y voy a volver a casa. Nos vemos entonces.

Os quiere vuestro hijo Manolo

1. **Manolo escribe una carta sobre:**
   - ☐ a. su piso.
   - ☐ b. sus vacaciones.
   - ☐ c. su trabajo y sus clases.
   - ☐ d. su horario.

2. **Va a trabajar en...**
   - ☐ a. la biblioteca.
   - ☐ b. la universidad.
   - ☐ c. un despacho.
   - ☐ d. el juzgado.

3. **Tiene que trabajar...**
   - ☐ a. todas las mañanas.
   - ☐ b. algunos fines de semana.
   - ☐ c. todos los domingos.
   - ☐ d. de cuatro a nueve.

4. **En su trabajo tiene que...**
   - ☐ a. hablar con sus jefes.
   - ☐ b. asistir al juzgado.
   - ☐ c. preparar documentos.
   - ☐ d. llamar por teléfono.

5. **¿Dónde estudia a veces Manolo?**

   a. b. c. d.

TAREA 2

Lea estas notas. Relacione cada nota con la frase correspondiente. Hay tres notas que no debe seleccionar.

メモを読み、それぞれのメモを適切な文に関連づけなさい。

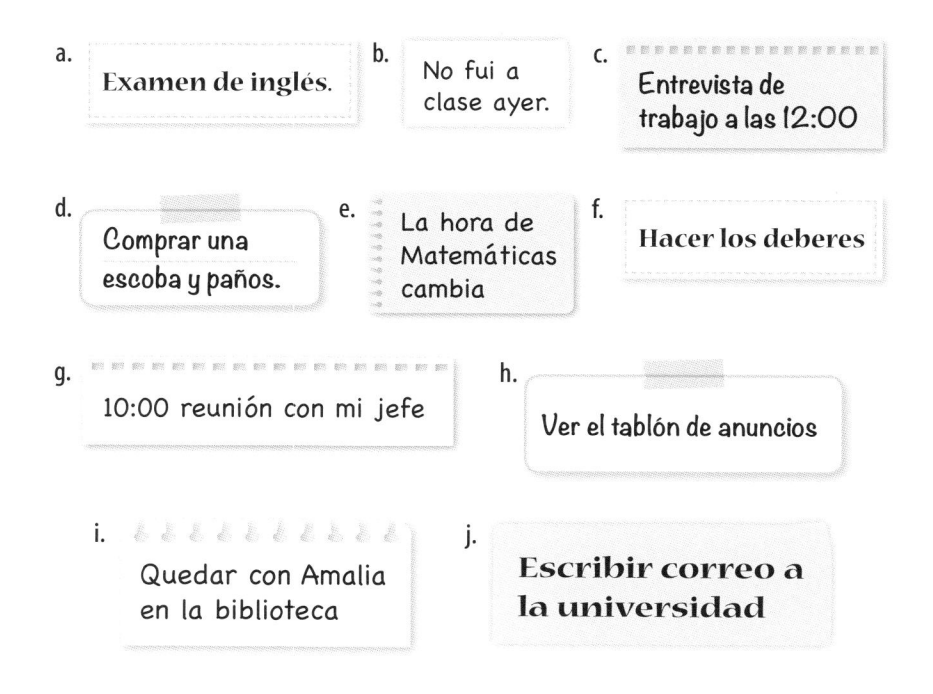

a. Examen de inglés.

b. No fui a clase ayer.

c. Entrevista de trabajo a las 12:00

d. Comprar una escoba y paños.

e. La hora de Matemáticas cambia

f. Hacer los deberes

g. 10:00 reunión con mi jefe

h. Ver el tablón de anuncios

i. Quedar con Amalia en la biblioteca

j. Escribir correo a la universidad

0. Escribir una redacción.
1. Pedir los apuntes a Raúl.
2. Nuevo horario.
3. Pedir beca.
4. Estudiar.
5. Buscar empleo.
6. Escribir currículum.

TAREA 3

Lea estos textos con anuncios de ofertas de empleo y de cursos. Relaciones cada texto con el número correspondiente. Hay tres anuncios que no debe seleccionar.

広告を読んで、それぞれの広告に適切な人を選びなさい。そのうち3つは使いません。

a.
Hotel Ritz Madrid
Buscamos un recepcionista con idiomas inglés y alemán
Se admiten becarios
6 euros por hora
Mínimo de 20 horas a la semana
Llamar tardes: 91-64758382
Preguntar por Sr. Martínez

b.
Academia de idiomas LC
Necesitamos profesores de matemáticas, física y química
Horario de mañana o tarde
Mandar CV a info@idiomaslc.net

d.
Se busca becario de diseño gráfico

c.
Babelia Traducciones Buscamos:
Traductor de japonés a español
Alemán, un plus
3 años de experiencia mínimo
Ofrecemos: Salario competitivo
Horario flexible

e.
Importante empresa multinacional busca vendedores a nivel nacional
5 años de experiencia mínimo
Sueldo fijo + incentivos + dietas de viaje
Horario de trabajo de 9:00 a 17:00
Interesados, enviar CV a: recursoshumanos@infocable.net

f.
Curso de marketing para profesionales
Mejora tus técnicas para conseguir más clientes
Horario a elegir enrte lunes, jueves y sábados
Ven a vernos a: C/Ángel Ganivet 27
O visita nuestra web: www.marketingparaprofesionales.com

g.
Gran cadena de restaurantes de comida rápida, busca camareros
Horario flexible
Salario competitivo
Concertar entrevista escribiendo a: entrevistas@grupoluna.es

h.
Embajada japonesa busca camareros con experiencia para una cena en Madrid, el día 5 de noviembre. Interesados, ir a la embajada mañana entre 12:00 y 16:00.
Preguntar por Sr. Yanagisawa o Srta. Rodríguez.

i.
Se busca estudiante para trabajar cuidando dos niños de 4 y 6 años.
7.5 euros por hora
Llamar a 667498372
(Javier)

j.
Curso de publicidad y ventas
Clases todos los sábados de 10:00 a 14:00
Se otorga diploma acreditado
Más información en:
www.cursosdeempresa.es

0. Me gusta diseñar páginas web y quiero aprender más sobre este trabajo.
1. Quiero trabajar por horas en hostelería. Cualquier sitio está bien, pero tiene que ser flexible.
2. Soy traductor desde hace 5 años y estoy buscando un trabajo fijo. Soy nativo de español y mis idiomas aparte son inglés, francés, alemán y japonés.
3. Tengo mi propia empresa y necesito un curso para mejorar nuestras ventas.
4. Tengo 50 años. Soy comercial y busco empleo en cualquier área.
5. Estudio turismo y quiero hacer prácticas en la recepción de algún hotel
6. Soy estudiante. En mi tiempo libre quiero trabajar de niñera.

TAREA 4

学校やカルチャーセンターの紹介を読んで空欄を埋める問題です。どの学校がどんなコースを開設しているのか、よく考えて文章を完成させましょう。

Lea las siguientes ofertas de cursos y complete las oraciones que aparecen a continuación con la información del texto.

情報を読んで、それに基づいて下の文を完成させなさい。

CURSOS	DURACIÓN	INICIO	REQUISITOS	LUGAR	HORARIO	PRECIO
Diseño web	3 meses	15 de septiembre	Conocimientos básicos de web Portfolio de trabajos	Academia INFOS	M y V 18:30-20:00	60 €/mes
Programación	9 meses	1 de octubre	Nivel básico de programación, ordenador propio	Universidad Autónoma - Facultad de informática	L y X 10:00-14:00	Curso completo: 1200 €
Traducción	3 meses	5 de marzo	Inglés nivel alto	Instituto de idioma ESPERANTO	Lunes a viernes 18:00 a 20:00	150 €/mes
Marketing	1 mes	1 de abril	3 años de experiencia Licenciatura de económicas	Edificio Toledo	Días laborables intensivo de 10:00 a 16:00	1500 €
Escultura	6 semanas	Febrero	Ninguno	Centro cívico municipal zona este	Jueves 11:30-12:30	3 €/semana

1. El curso más caro es el de _____.
2. El instituto de idiomas ESPERANTO da un curso de _____.
3. Los cursos que necesitan experiencia son el de diseño web y el de _____.
4. El horario del curso de programación es _____.
5. El curso que más dura es el de _____.
6. Hace falta _____ para hacer el curso de traducción.
7. El curso de traducción dura tanto como el de el _____.
8. El curso de escultura tiene lugar en el _____.

第 5 章

旅行と余暇

移動手段や宿泊施設に関する単語を覚えましょう。徒歩、電車、車、飛行機で行くのか、ホテルあるいは民宿（hostal, pensión など）に泊まるのかなど、よく使う単語をチェックしましょう。ほかにも、予約するときの言い回しや、確認に使う単語など、決まり文句などを重点的に覚えましょう。

TAREA 1

Lea este correo electrónico. A continuación, responda a cinco preguntas sobre el texto. Elija la respuesta correcta (a, b, c o d).

電子メール読み、a〜d から適切なものを選びなさい。

Buenas,

Estas vacaciones he viajado a Córdoba y estoy pasando unos días inolvidables. Es otoño, pero aquí hace mucho calor y llevo siempre una camiseta manga corta y falda. Además, a mediodía, mejor utilizar gorra, porque si no, me voy a quemar por el sol.

Córdoba es una ciudad muy bonita. Llegué en avión a Madrid y desde ahí, cogí un tren hasta aquí, iba rapidísimo. Llegué en poco más de una hora. Voy andando a todas partes, la ciudad no es muy grande. El autobús tampoco hace falta. Paso el día viendo monumentos. ¿Conoces la Mezquita de Córdoba? ¡Es impresionante! También me siento en bares de tapas y paso varias horas hablando con mis amigos.

Ayer lunes fui a una obra de teatro y mañana vamos a un concierto de mi cantante preferido. Además, me invitaron a jugar un partido de fútbol en el campo de un colegio junto a la plaza de las Tendillas y lo pasé muy bien. ¡Tienes que venir algún día a Córdoba!

¡Hasta pronto!
Mariela Guerrero

1. **Mariela escribe sobre…**
   - a. Córdoba.
   - b. su viaje a Córdoba.
   - c. sus vacaciones de verano.
   - d. un concierto.

2. **Mariela fue a Córdoba…**
   - a. andando.
   - b. en avión.
   - c. en tren.
   - d. en coche.

3. **Hace calor, por eso Mariela lleva siempre…**
   - a. falda.
   - b. falda y gorra.
   - c. gorra y camiseta manga corta.
   - d. camiseta manga corta y falda.

4. **Jugó al fútbol en…**
   - a. un instituto.
   - b. la plaza de las Tendillas.
   - c. un campo de fútbol de un colegio.
   - d. la calle.

5. **¿Qué vio el martes Mariela?**

   a.   b.   c.   d.

TAREA 2

Lea estas notas. Relacione cada nota con la frase correspondiente. Hay tres notas que no debe seleccionar.

メモを読み、それぞれのメモを適切な文に関連づけなさい。そのうち3つは使いません。

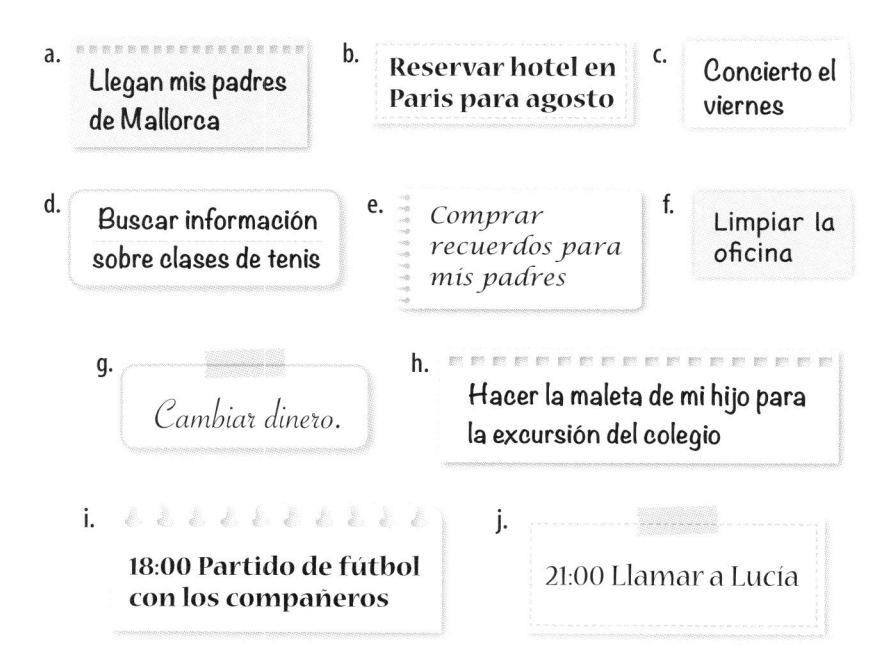

a. Llegan mis padres de Mallorca

b. Reservar hotel en Paris para agosto

c. Concierto el viernes

d. Buscar información sobre clases de tenis

e. Comprar recuerdos para mis padres

f. Limpiar la oficina

g. Cambiar dinero.

h. Hacer la maleta de mi hijo para la excursión del colegio

i. 18:00 Partido de fútbol con los compañeros

j. 21:00 Llamar a Lucía

0. Ir al aeropuerto
1. Comprar entradas
2. Hacer deporte
3. Ir al banco
4. Planificar el viaje con mi amiga por teléfono.
5. Vacaciones de verano
6. Ir a la tienda de souvenirs

TAREA 3

Lea estos textos con anuncios de intercambios y clases particulares. Relacione cada texto con el número correspondiente. Hay tres anuncios que no debe seleccionar.
次の広告を読んで、それぞれを適切な人に関連づけなさい。

a.
Mesón Luz de Luna
Cenas para enamorados
Menús especiales para cautivar a tu pareja:
　Menú Cupido
　Menú Venús
　Menú Afrodita

b.
Bar Manolo
Tapas internacionales
Sushi, tacos, minicrepes, etc.
Estamos junto a Correos

c.
Cine RIALTO
Los 7 samuráis
Sesiones: 16:00 y 19:00

d.
Cine matinal para niños
Blancanieves y los siete enanitos
Lugar: Centro Cultural Azorín
Horario: 11:30 a 13:00
Día: Sábado 16 y domingo 17

e.
POLIDEPORTIVO MUNICIPAL
Instalaciones para practicar:
　Fútbol sala
　Baloncesto
　Tenis
　Voleibol
Se alquilan las pistas por horas
Abierto de 8:00 a 22:00

f.
Museo de arte
Exposición del Renacimiento
Abierto de 11:00 a 19:00
Prohibida la entrada a menores

g.
Zoológico municipal

Ven a ver tigres, leones y hasta elefantes
¡Te lo pasarás fenomenal!
Horario ininterrumpido de 10:00 a 20:00

h.
Museo de ciencias

Prueba los inventos más innovadores
Todo lo último, en nuestro museo
Ven a pasar un día distinto.
Mira las estrellas desde nuestro observatorio
Horario ininterrumpido de 10:30 a 20:30
Cerramos los lunes

i.
Arístides
Salón de yoga
Siéntete bien
Practica en grupo
Clases de martes a jueves
Horario: 18:00 a 20:00

j.
Restaurante vietnámita
Saigón
Aceptamos reservas
Horario: 13:30 a 15:30 y 20:30 a 00:00
Metro: Sol

0. Me apetecen tapas de muchos países.
1. Tengo ganas de ver una película.
2. Hoy me apetece cenar comida asiática.
3. Mañana tengo que pasar la tarde con mis hijos.
4. El día de los enamorados tengo que llevar a mi novia a un restaurante romántico.
5. El próximo fin de semana tengo tiempo libre y me gustaría hacer deporte.
6. Hace tiempo que quiero ir a un museo. Me gusta todo lo moderno.

TAREA 4

Lea las siguientes ofertas de cursos y complete las oraciones que aparecen a continuación con la información del texto.

情報を読んで、それに基づいて下の文を完成しなさい。

ESTABLE-CIMIENTO	Zero Ropa para todas las edades	Domingo Vestidos de fiesta	Strodivurias Ropa de hombre	Rodeo Para chicas	Chesterpot Todo para el bebé
DIRECCIÓN	C/Eulalia 57	Plaza de las Pasiega s/n	Ctra de Málaga km 2,700	Avenida Tres Cantos 57	C/Ortega y Gasset 84
HORARIO	Todos los días de 10:00 a 21:00	Lunes a viernes de 10:00 a 14:00 y de 17:00 a 20:30 Sábados de 10:00 a 13:30	Lunes a viernes de 10:00 a 14:00 Sábados abierto hasta el mediodía	24 horas	Lunes a sábado de 10:00 a 13:30 y de 16:30 a 20:00
REBAJAS	Blusas Trajes Ropa tejana	Trajes de noche Picardías	Esmokins Zapatos	Todos los artículos, todas las tallas	Baberos Ropa de 0 a 5 años
PRECIO	Desde 5 €	Desde 20 €	A partir de 50 €	50% de descuento	Todo al 70% de descuento
FORMA DE PAGO	Metálico	Metálico	Metálico y divisa extranjera (dolares, libras, yenes)	Metálico y tarjeta	Metálico y tarjeta

1. Se puede pagar con yenes en _____.
2. La única tienda abierta todo el día es _____.
3. La tienda con mayor descuento es _____.
4. Aparte de Rodeo, el establecimiento que está abierto hasta más tarde es _____.
5. Se pueden comprar vestidos en _____.
6. Podemos comprar los domingos en _____ y en _____.
7. _____ y _____ abren los sábados hasta el mediodía.
8. Chesterpot abre por las tardes de _____ de lunes a sábado.

Auditiva 聴解パート

聴解の3ポイント

何度か繰り返し音声が流されるので、素早く理解できるように日頃から練習しましょう。

✓ 会話のキャッチボール

「誰が誰と話しているのか」を把握しましょう。それによってどの人称が誰のことを指しているのかが変わります。

✓ 動詞の活用（現在・過去・未来）の区別

動詞の行動が「いつ」行われたのかを把握して、活用語尾で時制がわかるようにしましょう。

語尾で時制と人称がわかるようになっているので、それぞれの特徴をとらえます（たとえば2人称なら -s で終わり、3人称複数なら -n で終わるなど）。そういった点を聞き逃さないようにしましょう。

自分で口にしたことのない単語を聞き分けることは難しいので、日頃から朗読をするなどして、口と耳を同時に慣らしておきましょう。

スペイン語と日本語の発音は、かなり似ているので、日本語を母語としていれば、取り立てて発音に苦労することはないでしょう。

✓ 語彙の拡大

聴解の部分は、誰かに質問することができません。何を言っているかわからないということがないように、語彙を増やしておきましょう。最近はレベルに合わせた読み物なども販売されているので、そういった教材を活用するのもよいでしょう。

闇雲に暗記しようとするのではなく、優先順位をつけて覚えましょう。具体的には、冠詞・数詞＞前置詞＞動詞＞形容詞＞名詞の順に覚えるとよいでしょう。冠詞と数詞、前置詞は数が限られているので、しっかりと覚えましょう。動詞がわからないと、文章全体の意味が取れなくなることが多いので、できるだけ動詞は優先して覚えましょう。

ウォームアップ練習

基本的なあいさつを聞いて、スペイン語の発音に慣れましょう。

① ¡Hola!
② ¡Buenos días! ¡Buenas tardes! ¡Buenas noches!
③ ¡Oiga! ¡Oye!
④ ¡Dígame! ¡Dime!

基本的な表現を聞いて、スペイン語の会話に慣れましょう。

① — ¿Qué tal?
  — Muy bien.

② — ¿Cómo estás?
  — Bien.

③ — ¿De dónde es usted?
  — Soy de México.

④ — ¿Cómo se llama usted?
  — Me llamo Arturo Etxebarria.

ポイントと練習問題

聴解パートの TAREA 1 と TAREA 2 では、1〜2文程度の内容を聞いて、質問に答える形式です。内容はシンプルなものですが、すべてを聞き落とさないように気をつけましょう。
意表を突く内容が質問されることもしばしばあります。
「誰が」「どこで」「いつ」「何を」「どのように」したのか、という点を聞き分けられるように練習しましょう。

選択肢は4つありますので、正しいものを選びましょう。

例えば

A: Voy a viajar por España este verano con mi amigo Juan.
P: ¿Con quién va a España?

a. Con su familia.　　b. Con un amigo.
c. Con su hermana.　　d. Con un compañero de clase.

誰と旅行に行きたいか、という話をしています。
この場合、b の「Con un amigo 友達と」が正解になります。

練習問題●会話を聞いて、解答しましょう。

① まずは、「誰が」を聞き分ける文章を聞きましょう。

1.　a. Pedro　　b. José　　c. María　　d. Mercedes

解説　ペドロは行かないが、マリアが行くと言っています。
A: ¿Pedro va contigo, Juan?
B: No, no, pero va a ir María.
P: ¿Quién va con Juan?

2. a. su novia   b. su madre   c. su hermano   d. su padre

解説 誰が訪ねてくるかの話です。Mi padre と言っているので、d が正解です。
A: Mi padre viene a verme este fin de semana.
B: ¿Estás preocupada, Silvia?
P: ¿Quién va a visitar a Silvia?

3. a. a su amiga   b. a un amigo
c. a una compañera   d. a un compañero

解説 誰と会ったかの話です。He visto a vuestra amiga... と言っているので、a が正解です。
A: He visto a vuestra amiga alemana.
B: Ah, has visto a Natalie.
P: ¿A quién ha visto?

4. a. Soledad   b. Francia   c. Juan   d. Alicia

解説 誰と旅行へ行くかの話です。con Alicia と言っているので、d が正解です。
A: Parece que Juan va a viajar a Francia este fin de semana con Alicia.
B: ¡Qué bien!
P: ¿Con quién va a ir a Francia este fin de semana?

5. a. sus padres   b. Julio   c. Juan   d. mis padres

解説 誰が彼に対して怒っているかの話です。Mis padres と言っているので、d が正解です。
A: ¿Qué te pasa?
B: Creo que mis padres están enfadados conmigo.
P: ¿Quién está enfadado con ella?

解答 1. c   2. d   3. a   4. d   5. d

② 次に「いつ」を聞き分ける練習をしましょう。

1.   a. este año   b. hace un año
         c. la próxima semana   d. hace poco

解説 いつコロンビアに行ったかの話です。El año pasado と言っているので、b が正解です。
A: El año pasado fui a Colombia a ver a mis abuelos.
B: ¡Qué bien!
P: ¿Cuándo fue a Colombia?

2.   a. la semana que viene   b. ayer   c. mañana   d. hoy

解説 いつ上司が来るかの話です。Mañana と言っているので、c が正解です。
A: Mañana vienen los jefes a nuestra oficina.
B: ¡Oh, no!
P: ¿Cuándo vienen los jefes?

3.   a. ayer por la mañana   b. hoy por la mañana
         c. por la tarde   d. hoy por la tarde

解説 いつデートの約束をしているかの話です。hoy por la tarde と言ってるので、d が正解です。
A: Hoy por la tarde tengo una cita con mi novio.
B: ¡Qué envidia!
P: ¿Cuándo tiene la cita?

4.   a. en marzo   b. un año   c. el año pasado   d. este año

解説 いつスイスで働いていたかの話です。el año pasado と言っているので、c が正解です。
A: El año pasado trabajé en Suiza. Volví este año en marzo.
B: ¡No lo sabía!
P: ¿Cuándo trabajó en Suiza?

5. a. las 17:00   b. a las 19:00   c. ayer   d. hoy

解説 何時に映画が始まったかの話です。fui al cine a las 17:00 と言っているので、a が正解です。
A: Ayer fui al cine a las 17:00 a ver una película.
B: Terminó a las 19:00, ¿no?
P: ¿Cuándo empezó la película?

解答 1. b   2. c   3. d   4. c   5. a

③ 「どこで」を聞き分ける練習をしましょう。

1. a. Londres   b. Paris   c. Lavanda   d. Lavapies

解説 どこに住んでいるかの話です。Madrid の Lavapies に住んでいるという話ですので、d が正解です
A: La familia González vive en Madrid, ¿verdad?
B: Sí, vive en Lavapies.
P: ¿Dónde vive la familia González?

2. a. Jerusalén   b. Berlín   c. Belén   d. Talín

解説 どこでキリストが生まれたかの話です。Belén（ベツレヘム）と言っているので、c が正解です。
A: La Navidad es el cumpleaños de Jesús, ¿verdad?
B: Sí, nació en Belén.
P: ¿Dónde nació Jesús?

3. a. al lado   b. muy lejos   c. enfrente   d. en el centro

解説 どこに靴屋があるかの話です。aquí al lado と言っているので、a が正解です。
A: Tus zapatos nuevos son muy bonitos.
B: ¿A que sí? Los compré en la zapatería de aquí al lado.
P: ¿Dónde está la zapatería?

4. a. España　　b. Egipto　　c. Japón　　d. Turquía

> **解説** 先生の出身地の話です。es de Turquía と言っているので、**d** が正解です。
> A: ¿Ese profesor es de Egipto?
> B: No, es de Turquía, pero vive en Japón.
> P: ¿De dónde es el profesor?

5. a. Sinaloa　　b. Japón　　c. Jamaica　　d. China

> **解説** Sintoísmo とはどこの宗教なのかの話です。religión japonesa と言っているので、**b** が正解です。
> A: ¿Qué es el sintoísmo?
> B: Es una religión japonesa.
> P: ¿De dónde es el sintoismo?

6. a. en Holanda　　b. en Alemania　　c. en Austria　　d. en Londres

> **解説** どこで来年仕事をするかの話です。trabajar en Alemania と言っているので、**b** が正解です。
> A: Vivo en Londres, pero el año próximo voy a trabajar en Alemania un mes.
> B: ¡Qué bien!
> P: ¿Dónde va a trabajar el año próximo?

> **解答**　1. d　2. c　3. c　4. d　5. b　6. b

④ 「何を」を聞き分ける練習をしましょう。

1.　a. matemáticas　　b. algebra　　c. gramática　　d. bibliografía

> 解説　何を勉強しているかの話です。matemáticas と言っているので、a が正解です。
> A: ¿Por qué estudias como loca?
> B: Porque mañana tengo examen de matemáticas.
> P: ¿Qué está estudiando?

2.　a. edificios　　b. monumentos　　c. cuadros　　d. libros

> 解説　何を見に行きたいのかの話です。exposición de Picasso と言っているので、c が正解です。
> A: ¿Quieres venir conmigo a ver la exposición de Picasso?
> B: Prefiero tomar un café.
> P: ¿Qué quiere ir a ver?

3.　a. un coche　　b. una bicicleta　　c. un tren　　d. una moto

> 解説　何を買ったのかの話です。coche と言っているので a が正解です。
> A: ¿Has comprado este coche? ¿Por qué?
> B: Es que estaba de oferta y la moto no.
> P: ¿Qué ha comprado?

4.　a. unos bombones　　b. unas flores
　　c. unos tomates　　d. unas tartas

> 解説　何を買ったのかの話です、unos pasteles と言っているので、tartas の d が正解です。
> A: ¿Qué tienes ahí?
> B: Son unos pasteles para mis hijos.
> P: ¿Qué ha comprado?

5. a. una corbata b. una manzana c. unos zapatos d. unos calcetines

解説 何を買うのかの話です。corbata と言っているので、a が正解です。
A: ¿Qué le compramos para su cumpleaños?
B: No sé..., vamos a comprar una corbata.
P: ¿Qué van a comprar?

解答 1. a 2. c 3. a 4. d 5. a

⑤ 「どのように」「誰と一緒に」「何で」を聞き分ける練習をしましょう。

1. a. en coche b. andando c. en tren d. en taxi

解説 どうやって仕事に行くかの話です。andando と言っているので、b が正解です。
A: ¿Cómo vas a la oficina normalmente?
B: A veces voy en tren, pero casi siempre andando.
P: ¿En qué va a la oficina?

2. a. en coche b. andando c. en tren d. en bicicleta

解説 どうやって公園へ行くのかの話です。en bicicleta と言っているので、d が正解です。
A: ¿A dónde vas hoy?
B: Voy al parque en bicicleta, pero Manuel va en coche.
P: ¿Cómo va al parque?

3. a. con colores b. con lápices c. con lápices de colores d. con bolígrafos

解説 何で絵を描いたかの話です。estos lápices と言っているので、b が正解です。
A: ¡Que dibujo más bonito! ¡Tiene muchos colores!
B: Sí, lo he hecho yo con estos lápices.
P: ¿Con qué dibuja?

4. a. solo b. con su hermano
　　c. con su madre d. con su hermano y su madre

解説 宿題を誰が手伝ってくれたかの話です。Mi hermano me ha ayudado. Mi madre también. と言っているので、d が正解です。
A: ¿Has hecho los deberes ya?
B: Sí, mi hermano me ha ayudado. Mi madre también.
P: ¿Con quién hizo los deberes?

5. a. solo b. con María
　　c. con su madre d. completamente sola

解説 誰が夕食の準備を手伝ってくれたかの話です。María un poco. と言っているので、b が正解です
A: Este plato está riquísimo. ¿Lo has preparado sola?
B: Sí. Nadie me ayudó. Ah, sí, María un poco.
P: ¿Con quién ha hecho la cena?

解答　1. b　2. d　3. b　4. d　5. b

⑥ 最後に、練習問題を解いてみましょう。今までの練習を念頭に置いて、いつ誰がどこで何をどのようにしたのか、を聞き分けてみましょう。

1. a. a Madrid b. a Guadalajara c. a Monterrey d. a Santiago

解説 どこへ行くのかの話です。2 billetes de avión para Monterrey と言っているので、c が正解です。
A: Tenemos que comprar 2 billetes de avión para Monterrey.
B: ¿Desde dónde?
A: Desde Madrid.
P: ¿Dónde van?

Auditiva 聴解パート

2. **a.** Física   **b.** Historia   **c.** Química   **d.** Geografía

解説 何のテストかの話です。Química と言っているので、c が正解です。
A: Pasado mañana tengo examen de Química.
P: ¿De qué es el examen?

3. **a.** lavadora   **b.** vantilador   **c.** ordenador   **d.** televisión

解説 何を買うかの話です。televisor と言っているので、d が正解です。
A: Compramos un televisor para la nueva casa.
P: ¿Qué compraron?

4. **a.** pasado mañana   **b.** ayer   **c.** mañana   **d.** hoy

解説 いつ小包を送るかの話です。mejor hoy と言っているので、d が正解です。
A: ¿Puedes mandarme el paquete mañana o pasado?
B: No sé... Mejor hoy.
A: Vale.
P: ¿Cuándo manda el paquete?

5. **a.** la semana que viene   **b.** ahora
   c. pasado mañana   **d.** mañana

解説 パーティーの準備をいつ始めるかの話です。ya と言っているので、b が正解です。
A: Tenemos que preparar la fiesta ya.
P: ¿Cuándo empiezan a preparar la fiesta?

6. **a.** nublado   **b.** soleado   **c.** llueve   **d.** nieva

解説 明日の天気の話です。estar despejado と言っているので、b が正解です。
A: Mañana va a estar despejado.
P: ¿Qué tiempo hará mañana?

7. a. a la librería　　b. geografía　　c. a la discoteca　　d. a la biblioteca

解説 明日どこへ行くかの話です。a la biblioteca と言っているので、d が正解です。
A: Mañana voy a la biblioteca a buscar un libro de geografía.
P: ¿A dónde va?

8. a. aburrido　　b. animado　　c. encantado　　d. cansada

解説 彼女がどんな状態かを聞いています。 cansada de estudiar と言っているので、d が正解です。
A: Estás aburrida, ¿verdad? ¿Qué te pasa?
B: Estoy cansada de estudiar inglés.
P: ¿Cómo está ella?

9. a. a las seis　　b. a las siete　　c. a las diez　　d. no se sabe

解説 何時に来るかの話です。No puedo llegar a las seis. Te llamo mañana. と言っているので、d が正解です。
A: Mañana quedamos a las seis enfrente del reloj.
B: No puedo llegar a las seis. Te llamo mañana.
P: ¿A qué hora llegará ella?

10. a. volver a casa　　b. seguir estudiando
　　　 c. comer　　　　 d. ir

解説 男性が何をしたいかの話です。Tengo ganas de seguir estudiando. と言っているので、b が正解です。
A: Tengo ganas de seguir estudiando. Quiero volver a la biblioteca.
B: No, vamos a comer algo.
P: ¿Qué quiere hacer? (el chico)

解答 1. c　2. c　3. d　4. d　5. b　6. b　7. d　8. d　9. d　10. b

聴解パート

TAREA 3 の形式では、一人の人物が特定のテーマに関して話していることを聴いて、登場人物や地名などを、それらの描写をした文章と一致させるという問題です。

1. Lea estos textos con anuncios. Relacione cada texto con el número correspondiente. Hay tres anuncios que no debe seleccionar.

053

マリカルメンが同僚について話している会話を聞きます。音声は 2 回聞きます。話の登場人物と人物の描写を一致させましょう。使わない選択肢は 3 つあります。

1. El dueño
2. La mujer del dueño
3. Los dependientes
4. Jaime
5. Jorge
6. Concha
7. Una empresa
8. Laura
9. Nestor

A. hace muchos ejercicios.
B. es la ayudante.
C. es el mayor.
D. busca novia por internet.
E. manda productos a la boutique.
F. es muy trabajadora.
G. le gusta bailar.
H. son simpaticos.
I. habla inglés.
J. es el jefe de atención al cliente.
K. es muy eficaz.
L. siempre llega tarde.

解答 1. L 2. F 3. H 4. D 5. C 6. I 7. E 8. B 9. J

解説
1. オーナーはいつでも遅れてきます。
2. オーナーの奥さんはとても働き者です。
3. 店員は気さくな人たちです。
4. ハイメはネットで彼女を探しています。
5. ホルヘは一番年上です。
6. コンチャは英語を話します。
7. とある会社がブティックに品物を送ってきます。
8. ラウラはアシスタントです。
9. ネストルは接客の責任者です。

57

🎧 053

Me llamo Maricarmen. Trabajo en una boutique. Los dependientes son simpáticos y me gusta trabajar allí. La mujer del dueño es muy trabajadora. Todos los días recibimos productos de una empresa de Francia. El dueño siempre llega tarde. Néstor es el jefe de Atención al Cliente y Laura es su ayudante. Concha es la más joven pero habla inglés muy bien. Ella siempre habla de su hermano Jaime, que está buscando novia por internet. Jorge es el mayor de todos los dependientes y quiere mucho a su mujer.

🎧 054

2. Inés está hablando sobre dónde quiere viajar. Cada audición se repite dos veces. Relacione cada número (columna de la izquierda) con una letra (columna de la derecha). Hay tres letras que no se deben seleccionar.

イネスが行きたい場所について話しているのを聞きます。音声は2回聞きます。国（左）と描写（右）を一致させましょう。使わない選択肢は3つあります。

1. En China
2. EEUU
3. En Inglaterra
4. En Italia
5. Le gusta Francia
6. Suecia
7. En Rusia
8. Japón
9. Barcelona

A. es donde vive Inés.
B. quiere visitar Hong Kong.
C. es un país muy bonito.
D. por su comida.
E. quiere aprender el idioma.
F. quiere visitar ruinas.
G. le interesa la arquitectura.
H. habla la lengua del país.
I. le interesa por su arte.
J. quiere ir a la plaza Roja.
K. puede comprar ropa barata.
L. es muy peligroso

解答 1. B　2. L　3. E　4. F　5. D　6. C　7. J　8. I　9. A

解説
1. 中国では香港に行きたい。
2. アメリカ合衆国はとても危険だ。
3. イギリスでは英語を学びたい。
4. イタリアでは遺跡を見に行きたい。
5. フランスは食べ物がおいしいので好きです。
6. スウェーデンはとても素敵な国です。
7. ロシアでは赤の広場に行きたい。
9. 日本の芸術に興味があります。
9. バルセロナはイネスが住んでいる町です。

054

Soy Inés. Vivo en Barcelona pero quiero viajar por el mundo. Primero quiero ir a Francia porque me gusta la comida francesa. Después a Italia para visitar las ruinas romanas. A lo mejor voy a Inglaterra a aprender inglés. De Suecia no sé mucho, pero dicen que es un país bonito. En Rusia quiero visitar la Plaza Roja. Me gustaría viajar a Asia también. Sobre todo a Japón porque me encanta el arte japonés. Iré a China también porque quiero ver Hong Kong. Estados Unidos no me gusta porque es muy peligroso.

TAREA 4 では、ある２人の会話を聞いて、文章の空欄を埋めるという問題になります。あらかじめ文章を読んで、当てはまりそうな単語や表現を考えておきましょう。

055

1. Tomás y Victoria hablan sobre la compra. Complete el texto con la información que falta. Escuchará la audición tres veces.

   トマスとビクトリアは買い物について話しています。会話を聞いて空欄を埋めましょう。音声は３回流されます。

   1. Siempre _____ en el supermercado.
   2. La carne es más barata _____ que en el supermercado.
   3. La verdurería _____ por la tarde.
   4. Victoria va al mercado a comprar _____.
   5. Victoria _____ en ropa.
   6. La _____ es muy símpatica.
   7. Tomás lleva _____ caros.
   8. Tomás se viste con ropa cara _____.

解答 1. Siempre <u>hay alguna oferta</u> en el supermercado.
   スーパーではいつも安売りをしています。
2. La carne es más barata <u>en la carnicería</u> que en el supermercado.
   肉はスーパーより肉屋のほうが安いです。
3. La verdurería <u>tiene ofertas</u> por la tarde.
   八百屋は午後に安売りをしています。
4. Victoria va al mercado a comprar <u>marisco</u>.
   ビクトリアは市場に魚介を買いに行きます。
5. Victoria <u>gasta mucho</u> en ropa.
   ビクトリアは服にお金をつぎ込んでいます。
6. La <u>chica de la tienda</u> es muy símpatica.
   お店の女の子はとてもいい子です。
7. Tomás lleva <u>trajes</u> caros.
   トマスは高いスーツを着ています。
8. Tomás se viste con ropa cara <u>por trabajo</u>.
   トマスは仕事のために高いスーツを着ています。

De compras. Tomás (T) y Victoria (V)

V: ¿Dónde has ido?
T: He ido al supermercado de al lado. Siempre hay alguna oferta.
V: ¿Qué has comprado? ¿Carne?
T: Sí.
V: La carne es más barata en carnicerías.
T: También compré tomates y berenjenas que estaban de oferta.
V: La verdulería tiene ofertas por la tarde.
T: No tengo tanto tiempo para ir a todas las tiendas.
V: Quiero ir al mercado a comprar marisco. ¿Me acompañas?
T: Pero si acabo de llegar.
V: Es que quiero ir a la boutique nueva...
T: Gastas demasiado en ropa, ¿eh?
V: Es que la chica de la tienda es muy simpática...
   Tu también llevas ropa cara. Sobre todo trajes.
T: Ya, pero eso es solo por trabajo.

Auditiva 聴解パート

2. Bárbara y Borja hablan de su oficina. Complete el texto con la información que falta. Escuchará la audición tres veces.

バルバラとボルハはオフィスについて話しています。会話を聞いて空欄を埋めましょう。音声は3回流されます。

1. Hay una _____ a las 10 de la mañana.
2. Barbara tiene _____ a las 10 y media.
3. Borja es muy _____.
4. Necesitan _____ nueva.
5. El _____ no tiene presupuesto.
6. Borja quiere poner _____ en la oficina.
7. No se puede trabajar en verano porque _____.
8. Barbara está harta del _____.

解答 1. Hay una <u>reunión</u> a las 10 de la mañana.
朝の10時に会議があります。

2. Barbara tiene <u>una cita</u> a las 10 y media.
バルバラは10時半に約束があります。

3. Borja es muy <u>trabajador</u>.
ボルハはとても働き者です。

4. Necesitan <u>una fotocopiadora</u> nueva.
新しいコピー機が必要です。

5. El <u>departamento</u> no tiene presupuesto.
部署には予算がありません。

6. Borja quiere poner <u>aire acondicionado</u> en la oficina.
ボルハはオフィスにエアコンをつけたいと思っています。

7. No se puede trabajar en verano porque <u>hace demasiado calor</u>.
夏は暑すぎるので働けません。

8. Barbara está harta del <u>café solo</u>.
バルバラはブラックコーヒーに飽き飽きしています。

Bárbara y Borja

Borja: ¿A qué hora tenemos la reunión? ¿A las 11?

Bárbara: No, a las 10. Yo no puedo participar porque tengo una cita a las 10:30.

Borja: Vaya, yo tengo otra reunión después de la de las 10:00.

Bárbara: Eres muy trabajador.

Borja: Necesito hacer fotocopias de estos documentos.

Bárbara: Ah, la fotocopiadora está rota.

Borja: ¿Otra vez? Necesitamos comprar una nueva.

Bárbara: Pero nuestro departamento no tiene más presupuesto este año.

Borja: Ya lo sé… ¿Sabes? Este año me gustaría poner aire acondicionado. En verano aquí no se puede trabajar. Hace demasiado calor.

Bárbara: Yo quiero una maquina de café. Estoy harta del café solo.

TAREA 1

人間関係・描写・性格 Auditiva 聴解パート

A continuación escuchará cinco diálogos breves entre dos personas. Oirá cada diálogo dos veces. Después de la segunda audición, marque la opción correcta: a) , b) , c) , d).

これから短い会話を5つ聞きます。各会話は2回聞きます。2回目の音声が終わったら、a～dの中から正しい選択肢を選びましょう。

0. a.  b.  c.  d.

1. a.  b.  c. 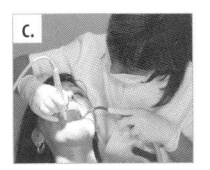 d.

2. a.  b.  c. 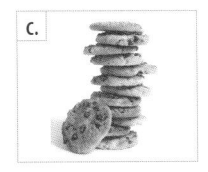 d.

3. a.  b.  c. 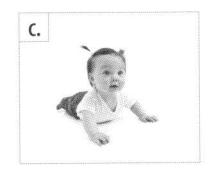 d.

4. a.  b.  c.  d.

5. a. 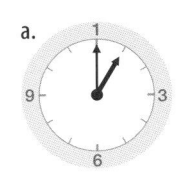 b. 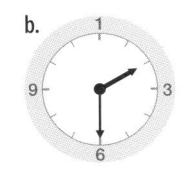 c. 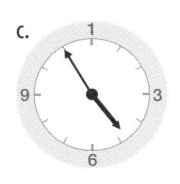 d.

63

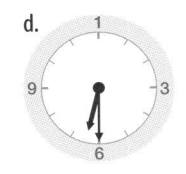

TAREA 2

🎧 Usted va a escuchar cinco avisos. Cada aviso se repite dos veces. Hay nueve imágenes.
063 Debe relacionar los avisos con las imágenes. Relacione los números con las letras.
Ahora va a escuchar un ejemplo. Atención a las imágenes.

これから5つの短い文章が読み上げられます。文章は2回繰り返されます。9つの絵の中から当てはまるものを選びましょう。最初に例文が読み上げられますので、注意して聴いてください。

a.   b.    c.

d.    e.    f.

g.    h.    i.

0. _____c_____
1. _____
2. _____
3. _____
4. _____
5. _____

TAREA 3

Va a escuchar hablar a Carlos sobre su familia. Cada audición se repite dos veces. Relacione cada número (columna de la izquierda) con una letra (columna de la derecha). Hay tres letras que no se deben seleccionar.

カルロスが家族について話しています。音声は2回聞きます。人物(左)と人物の描写(右)を一致させましょう。

1. Su abuelo
2. Su madre
3. Su padre
4. Su hermano
5. Su abuela
6. Su hermana
7. Su tío Imanol
8. A su tía Nuria
9. Su primo Roberto

A. es ama de casa.
B. se levanta muy temprano.
C. está divorciado.
D. vive con su pareja.
E. trabaja en un hospital.
F. estudia fuera de la ciudad.
G. le gusta bailar.
H. no está viva.
I. no tiene novia.
J. es recepcionista.
K. canta música pop.
L. tiene dos hijos.

TAREA 4

🎧 Es el primer día de colegio de Álvaro. Se presenta delante de toda la clase. Complete el
065 texto con la información que falta. Escuchará la audición tres veces.

アルバロは今日はじめて学校へ行きます。みんなの前で自己紹介をします。音声を聞いて空欄を埋めましょう。音声は3回流されます。

1. Álvaro vive en _____.
2. Tiene _____.
3. Su padre es _____.
4. Maite trabaja en _____.
5. Tiene _____ hermanos mayores.
6. Luciano está _____.
7. Lorenzo y Consuelo son sus _____.
8. Matías es el _____.

TAREA 1

食事とレストラン

🎧 Auditiva 聴解パート

A continuación escuchará cinco diálogos breves entre dos personas. Oirá cada diálogo dos veces. Después de la segunda audición, marque la opción correcta: a) , b) , c) , d) .

これから短い会話を5つ聞きます。各会話は2回聞きます。2回目の音声が終わったら、a. 〜 d. の中から正しい選択肢を選びましょう。

🎧 066 **0.** a.   b.   c.   d.

🎧 067 **1.** a.   b.   c.   d.

🎧 068 **2.** a.   b.   c.   d.

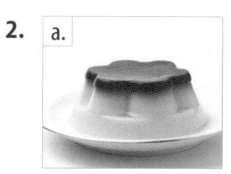

🎧 069 **3.** a.   b.   c.   d.

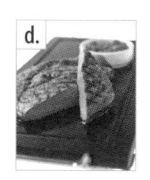

🎧 070 **4.** a.   b.   c.   d.

🎧 071 **5.** a.   b.   c.   d.

67

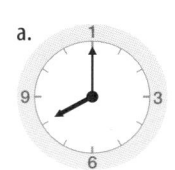

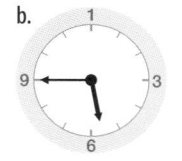

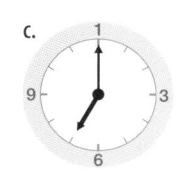

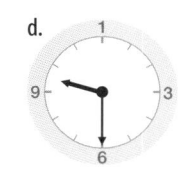

TAREA 2

🎧 Usted va a escuchar cinco avisos. Cada aviso se repite dos veces. Hay nueve imágenes.
072 Debe relacionar con las imágenes. Relaciones los números con las letras.
Ahora va a escuchar un ejemplo. Atención a las imágenes.

これから5つの短い文章が読み上げられます。文章は2回繰り返されます。9つの絵の中から当てはまるものを選びましょう。最初に例文が読み上げられますので、注意して聴いてください。

a.　　　　　　　　　　b.　　　　　　　　　　c.

d.　　　　　　　　　　e.　　　　　　　　　　f.

g.　　　　　　　　　　h.　　　　　　　　　　i.

0. __h__
1. _____
2. _____
3. _____
4. _____
5. _____

TAREA 3

María y Tomás están hablando sobre dónde van a ir a cenar. Cada audición se repite dos veces. Relacione cada número (columna de la izquierda) con una letra (columna de la derecha) . Hay tres letras que no se deben seleccionar.

マリアとトマスが食事に行こうとしている店について話しています。会話を2回聞きます。主語（左）とその描写（右）を一致させましょう。使わない選択肢は3つあります。

1. Tomás
2. María
3. La pizzería
4. El restaurante tailandés
5. Las pizzas
6. En la nevera
7. María y Tomás
8. El restaurante chino
9. María y Tomas

A. está en la plaza.
B. está cerca.
C. no hay comida.
D. no quiere tomar comida picante.
E. cenan bocadillos.
F. no quiere preparar comida.
G. está enfrente de su casa.
H. van a cenar en casa.
I. hay mucha comida.
J. está cerrada.
K. no están caras los miércoles.
L. están baratas los martes.

TAREA 4

Emilio y Beatriz están hablando sobre la comida. Complete el texto con la información que falta. Escuchará la audición tres veces.

エミリオとベアトリスは食事について話をしています。対話を聞いて空欄を埋めましょう。音声は 3 回流されます。

1. Emilio come _____.
2. Beatriz está _____.
3. Por la mañana, Emilio _____ mucho.
4. En España toman café a las _____.
5. Emilio trabaja en un _____.
6. Come demasiado _____.
7. Para Emilio es imposible comer menos a mediodía porque _____.
8. Para adelgazar, Emilio debe cenar _____.

TAREA 1　住宅　Auditiva　聴解パート

A continuación escuchará cinco diálogos breves entre dos personas. Oirá cada diálogo dos veces. Después de la segunda audición, marque la opción correcta: a) , b) , c) , d) .

これから短い会話を5つ聞きます。各会話は2回聞きます。2回目の音声が終わったら、a. 〜 d. の中から正しい選択肢を選びましょう。

0. a. 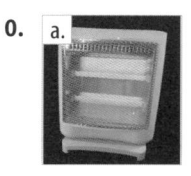 b.  c. 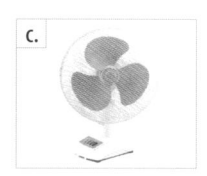 d.

1. a. 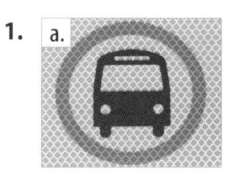 b.  c.  d.

2. a.  b.  c.  d.

3. a.  b.  c.  d.

4. a.  b.  c.  d.

5. a. 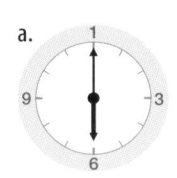 b. 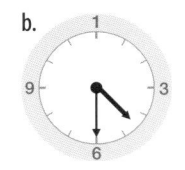 c. 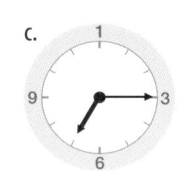 d.

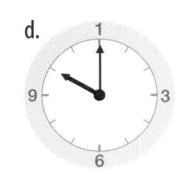

TAREA 2

Usted va a escuchar cinco avisos. Cada aviso se repite dos veces. Hay nueve imágenes. Debe relacionar con las imágenes. Relacione los números con las letras.
Ahora va a escuchar un ejemplo. Atención a las imágenes.

これから 5 つの短い文章が読み上げられます。文章は 2 回繰り返されます。9 つの絵の中から当てはまるものを選びましょう。最初に例文が読み上げられますので、注意して聴いてください。

a.

b.

c.

d.

e.

f.

g.

h.

i.

0.   __f__
1. _____
2. _____
3. _____
4. _____
5. _____

TAREA 3

Isabel habla sobre su casa y sus vecinos. Cada audición se repite dos veces. Relacione cada número (columna de la izquierda) con una letra (columna de la derecha). Hay tres letras que no se deben seleccionar.

イサベルは自宅について近所の人と話しています。音声は2回聞きます。数字（左）と文字（右）を一致させましょう。使わない選択肢は3つあります。

1. Isabel
2. El piso
3. La casa de Fernanda
4. Rodrigo
5. El salón
6. Montse y Rodrigo
7. Julia
8. Fernanda
9. La Sagrada Familia

A. tiene muchos muebles.
B. es inteligente y simpático.
C. vive en un piso compartido.
D. se ve desde la terraza.
E. es grande.
F. está en el piso de abajo.
G. no es muy sociable.
H. está en el piso de arriba.
I. es prima de Isabel.
J. es camarera.
K. no es grande.
L. viven en el piso de al lado.

TAREA 4

Leonardo y Vanesa son amigos. Hablan sobre sus viviendas. Complete el texto con la información que falta. Escuchará la audición tres veces.

レオナルドとバネサは友達同士で、住宅について話しています。対話を聞いて空欄を埋めましょう。音声は3回流されます。

1. Leonardo _____ con sus padres.
2. Vanesa quiere _____.
3. Ella quiere mudarse a la calle _____.
4. En la calle donde vive Vanesa _____.
5. Hay un bar en _____.
6. El edificio donde vive Vanesa no tiene _____.
7. Leonardo necesita un _____.
8. No encuentra ningún garaje en _____.

TAREA 1

教育と職業

A continuación escuchará cinco diálogos breves entre dos personas. Oirá cada diálogo dos veces. Después de la segunda audición, marque la opción correcta: a) , b) , c) , d).

これから短い会話を5つ聞きます。各会話は2回聞きます。2回目の音声が終わったら、a. 〜 d. から正しい選択肢を選びましょう。

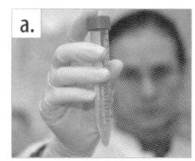

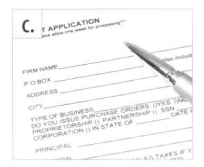

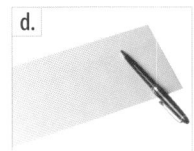

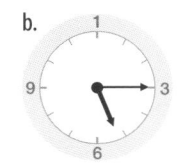

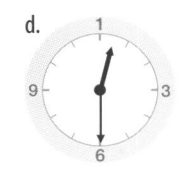

0. a. b. c. d.

1. a. b. c. d.

2. a. b. c. d.

3. a. b. c. d.

4. a. b. c. d.

5. a. b. c. d.

TAREA 2

Usted va a escuchar cinco avisos. Cada aviso se repite dos veces. Hay nueve imágenes. Debe relacionar con las imágenes. Relaciones los números con las letras.
Ahora va a escuchar un ejemplo. Atención a las imágenes.

これから5つの短い文章が読み上げられます。文章は2回繰り返されます。9つある絵の中から当てはまるものを選びましょう。最初に例文が読み上げられますので、注意して聴いてください。

a. b.  c.

d.  e.  f.

g.  h.  i.

0. ___i___
1. _____
2. _____
3. _____
4. _____
5. _____

TAREA 3

🎧 Raúl y Daniela están hablando sobre sus compañeros de trabajo. Cada audición se
091 repite dos veces. Relacione cada número (columna de la izquierda) con una letra
(columna de la derecha). Hay tres letras que no se deben seleccionar.

ラウールとダニエラが会社の同僚について話している会話を聞きます。音声は 2 回聞きます。主語（左）と述語（右）文字を一致させましょう。使わない選択肢は 3 つあります。

1. Montserrat
2. Eleonora
3. Pablo
4. Flavia
5. Rubén
6. Brad
7. Eleonora
8. Bernardo
9. Antonio Flores

A. trabaja en el departamento de marketing.
B. es de Barcelona.
C. es de Italia.
D. es profesor de inglés.
E. está de vacaciones.
F. tiene menos de 25 años.
G. trabajaba en Francia.
H. es el nuevo jefe.
I. contrata a los nuevos empleados.
J. es el nuevo informático.
K. tiene menos de 35 años.
L. es de Roma.

TAREA 4

Marta y Julio hablan sobre sus clases. Complete el texto con la información que falta. Escuchará la audición tres veces.

マルタとフリオは授業について話しています。2人の会話を聞いて空欄を埋めましょう。音声は3回流されます。

1. Marta estudia _____.
2. Hay una chica _____ en la clase de matemáticas.
3. A Julio le gustan _____.
4. Marta aprobó _____ de literatura.
5. El profesor de literatura es _____.
6. El club de fútbol de Julio es _____.
7. La casa de Julio está _____.
8. Marta quiere _____ cerca de la escuela también.

TAREA 1

旅行と余暇

Auditiva 聴解パート

A continuación escuchará cinco diálogos breves entre dos personas. Oirá cada diálogo dos veces. Después de la segunda audición, marque la opción correcta: a) , b) , c) , d).

短い会話を5つ聞きます。各会話は2回聞きます。2回目の音声が終わったら、a. ～ d. から正しい選択肢を選びましょう。

0. a.  b.  c.  d.

1. a.  b.  c.  d.

2. a.  b.  c.  d.

3. a.  b.  c.  d.

4. a.  b.  c.  d.

5. a. 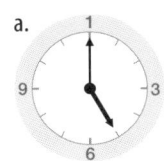 b. 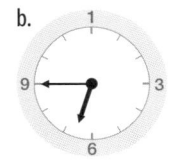 c. 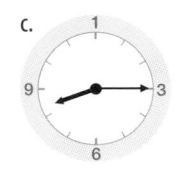 d.

79

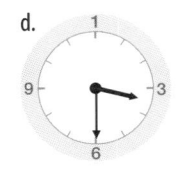

TAREA 2

🎧 Usted va a escuchar cinco avisos. Cada aviso se repite dos veces. Hay nueve imágenes.
099 Debe relacionar con las imágenes. Relaciones los números con las letras.
Ahora va a escuchar un ejemplo. Atención a las imágenes.

5つの短い文章が読み上げられます。文章は2回繰り返されます。9つある絵の中から当てはまるものを選びましょう。最初に例文が読み上げられますので、注意して聴いてください。

a.　　　　　　　　　b. 　　　　　　　　　c.

d. 　　　　　　　　　e. 　　　　　　　　　f.

g. 　　　　　　　　　h. 　　　　　　　　　i.

0. __g__
1. _____
2. _____
3. _____
4. _____
5. _____

80

TAREA 3

🎧 Auditiva 聴解パート

🎧 Fernando y Luisa están hablando sobre su horario durante la semana para quedar. Cada audición se repite dos veces. Relacione cada número (columna de la izquierda) con una letra (columna de la derecha). Hay tres letras que no se deben seleccionar.
フェルナンドとルイサがスケジュールについて話している会話を聞きます。音声は2回聞きます。数字と文字を一致させましょう。使わない選択肢は3つあります。

1. Salamanca
2. Sebastián
3. El martes
4. Miguel
5. Fernando
6. El billete de tren
7. Los jueves
8. Luisa
9. Fernando y Luisa

A. cuesta 24 euros.
B. es amigo de Fernando.
C. tiene clase de inglés el miércoles.
D. quieren ir de viaje.
E. tiene poco dinero.
F. vive en Toledo.
G. Luisa no tiene clases.
H. Luisa estudia con un amigo.
I. cuesta 23 euros.
J. tiene mucho dinero.
K. es amigo de Luisa.
L. está muy lejos.

TAREA 4

Miguel y Amaia son amigos. Hablan sobre el viaje de Miguel. Complete el texto con la información que falta. Escuchará la audición tres veces.

ミゲルとアマイアは友達同士です。ミゲルの旅行について話しています。会話を聞いて空欄を埋めましょう。音声は3回流されます。

1. _____ está lejos de la casa de Miguel.
2. Hay muchos viajes organizados _____.
3. El avión no es _____ últimamente.
4. Hay muchos destinos que _____ Madrid.
5. Miguel piensa que los trenes _____ mucho.
6. Miguel quiere _____ sus familiares que viven en Francia.
7. Los tíos de Miguel _____ una granja.
8. Amaia quiere ir de viaje con _____.

Escrita 作文表現

作文の3ポイント

作文パートでは、フォームを埋める問題と私信を書く問題が出ます。フォームを埋める問題は個人に関する単語の確認をしながら、自分自身について自由に表現できるように練習しましょう。私信を書くパートでは手紙の形式を知ることが必要です。状況に合わせて正しい表現を選びましょう。

✓ 主題の確認

問題の意図や文章の大意をはっきりさせましょう。申込用紙への記入、広告、手紙を書くといった問題が多く出題されています。過去問題や、DELE 対策問題集などを使って、それぞれの書式を整理して練習しましょう。

✓ 表現の幅

基本的な慣用句なども積極的に使い、表現に幅を持たせましょう。一般にスペイン語圏の文章では、同一の文章内で同じ表現を二度以上使うことを嫌います。これは文法的なものではなく、習慣に類するものです。

同じ内容をいろいろな表現で書けるように練習しましょう。たとえば「立ち去る」という表現を一つとっても、irse, marcharse, largarse などと3つ以上の表現があります。

✓ 目的格人称代名詞の位置と種類

忘れがちなのが、目的格人称代名詞の位置です。基本的には活用した動詞の直前に置きますが、不定詞や命令形、現在進行形の場合は動詞の後ろに直接つけて使います。命令形や現在進行形の場合、アクセントの位置を維持するためにアクセント記号を打つことにも注意しましょう。（dicinédole, váyase など）

TAREA 1　申込書や契約書に記入する問題です。氏名、年齢、職業など、よく使う単語を覚えておきましょう。

TAREA 2　短い手紙を書く問題です。挨拶、勧誘の表現、別れの表現などを確認しましょう。

ウォームアップ練習

ヒントをもとに、スペイン語にしましょう。

1. 元気ですか？　—元気です。　　　　　　　　estar bien

2. 疲れていますか？　—疲れていません。　　　cansado

3. お名前は？　—ペペです。　　　　　　　　　llamarse

4. 明日銀行に行かなければなりません。　　　　tener que + 不定詞

5. 新聞を読んでいるところです。　　　　　　　進行形

6. これから買い物に行きます。　　　　　　　　ir + a + 不定詞

7. 駅はどこですか？　　　　　　　　　　　　　dónde

8. 結婚式はいつですか？　　　　　　　　　　　cuándo

よく使われる単語

氏名　nombre y apellido(s)
姓　nombre
名　apellido
生年月日　fecha de nacimiento
年齢　edad
性別／男／女　sexo / masculino / femenino
婚姻歴　estado civil
住所　domicilio
電話番号　número de teléfono
携帯電話　móvil
メールアドレス　correo electrónico
本籍・国籍　nacionalidad / lugar de nacimiento
職業　ocupación
身分証明書　carnet de identidad
銀行口座番号　número de cuenta bancaria
支払い方法　forma de pago
口座引き落とし　domiciliación bancaria
銀行振込　transferencia bancaria
現金　metálico / efectivo
預金　cuenta
当座預金　cuenta corriente
普通預金　cuenta de ahorros
ローン　hipoteca
プリペイド　prepage
後払い　pospago
クレジットカード　tarjeta de crédito
期間　duración
目的　objetivo
申請　solicitud
ビザ　visado
種類　tipo

TAREA 1

携帯電話の契約書

Usted quiere comprar un teléfono móvil. Complete este formulario con la información neceraria.

人物紹介を参考に、携帯電話申込フォームに記入しましょう。

> **人物紹介**
> レイナルド・メンディエタさんは34歳のプログラマーです。新しくスマートフォンを契約しようとしています。独身なので予算に余裕があります。いつでもインターネットが見られるように定額サービスも申し込もうと思っています。この店の近所に住んでいて、毎朝の通勤路なので来店しています。

Datos personales:

Nombre(s) y apellido(s): **Reinaldo Mendieta**

Sexo: **Masculino**   Edad: **34**

Nacionalidad: **Española**

Fecha de nacimiento: 24 / **Noviembre** / **1976**

Lugar de nacimiento: **Granada**

Domicilio: **c/Sierra nevada 77, Granada**

Formulario de inscripción para un móvil:

Nombre y apellido: _____

Sexo: _____   Edad: _____

Nacionalidad: _____   Fecha de nacimiento: _____

Domicilio: _____

Estado civil: _____

Tipo: ☐ prepago   ☐ pospago

Acceso a internet: ☐ Sí   ☐ No

¿Cómo nos conoció? _____

TAREA 2

あなたは友達の誕生日に電子メールでお祝いを言おうと思っています。簡潔にまとめて手紙にしましょう。
①挨拶
②お祝いの言葉
③近いうちに会う約束
④終わりの挨拶

20 から 30 ワードで作文しましょう。

TAREA 1

Usted quiere inscribirse en una centro cultural. Complete este formulario con la información necesaria.

人物紹介を参考に、カルチャーセンターの登録フォームをスペイン語で記入しましょう。

人物紹介
グロリア・グティエレスさんは25歳の会社員で、料理を習おうとしています。仕事が忙しいので一か月のコースを選びました。インターネットで検索していてたまたまみつけました。ほかの学校やセンターには、料理のコースがなかったので、このコースを選んでいます。クレジットカードで支払いをします。

Datos personales:
Nombre y apellido: **Gloria Gutierrez**
Correo electrónico:
gloriagutierrez@yujuu.es
Tel: **656 58 45 34**   Móvil: **978 34 84 19**
Fecha de nacimiento: **22/ Octubre/ 1985**
Lugar de nacimiento: **Valencia**
c/ Goya 56, Madrid España

個人情報
氏名	グロリア・グティエレス
電子メール	gloriagutierrez@yujuu.es
電話番号	656 58 45 34
携帯電話	978 34 84 19
生年月日	1985年10月22日
出生地	バレンシア
住所	スペイン マドリッド市 ゴヤ通り56番地3階左

Nombre: _____   Apellido(s): _____
Sexo: _____   Edad: _____
Domicilio: _____
Lugar de nacimiento: _____
Fecha de nacimiento: _____
Nacionalidad: _____
Teléfono: _____   Teléfono móvil: _____
Correo electrónico: _____
Tipo(s)   ☐ cocina   ☐ ceremonia de te   ☐ baile   ☐ coro
Duración   ☐ 1semana   ☐ 2semanas   ☐ un mes   ☐ 3meses   ☐ más
Forma de pago ☐ metálico ☐ tarjeta de crédito   ☐ transferencia bancaria
¿Cómo encontró nuestra página web? _____
¿Por qué nos eligió? _____

TAREA 2

あなたは今度恋人とレストランに行こうと考えています。レストランの予約をするメールを書きましょう。
①挨拶
②自分が誰なのか
③予約の内容
④終わりの挨拶
20 から 30 ワードで作文しましょう。

TAREA 1

寮への入居申請： **Solicitud de entrada a en una residencia**

Usted quiere entrar a vivir en una residencia. Complete este formulario con la información necesaria.

人物紹介を参考に、入寮フォームを完成させましょう。

人物紹介
セルバンド・イジェラさんは、モンテレイ出身の18歳の男性です。来年から大学生になるので、寮に入ることを考えています。安い部屋がよいので、できれば二人部屋にしたいと思っています。2年目からは大学のある町に住んでいる親戚の部屋を貸してもらえるので、寮に入るのは一年間だけです。家賃を毎月振り込むのは面倒なので、銀行口座からの引き落としにしました

Datos personales:

Nombre y apellido: Servando Illera

Correo electrónico: servandoillera@yujuu.com.mx

Tel: 877 91 45 22   Móvil: 762 234 119

Sexo: Masculino

Fecha de nacimiento: 2/ Febrero/ 1994

Lugar de nacimiento: Monterrey

Domicilio: c/Obreros 56 4º izquierda

Estado civil: Soltero

Nº de cuenta bancaria: 976766546

Formulario de inscripción para una residencia

Nombre y apellido: _____

Sexo: _____   Edad: _____   Nacionalidad: _____

Lugar de nacimiento: _____

Fecha de nacimiento: _____

Domicilio: _____

Estado civil: _____   Plazo: _____

Tipo: ☐ individual   ☐ doble   ☐ triple

Forma de pago: ☐ metálico   ☐ tarjeta de crédito

                       ☐ transferencia bancaria   ☐ domiciliación bancaria

Número de cuenta bancaria: _____

TAREA 2

あなたは、小さな町から大きな町へ引っ越しました。新しい町にはバスや地下鉄などがそろっていて便利な代わりに、以前よりも移動に時間がかかってしまいます。友達に手紙を書いて町のことを知らせましょう。
①挨拶
②どこへ引っ越したのか
③移動がどれだけ大変なのか
④終わりの挨拶
20から30ワードで作文しましょう。

TAREA 1

学生ビザの申請： **Solicitar visados**

Usted quiere solicitar un visado. Complete este formulario con la información necesaria.
ビザ申請フォームを人物紹介を参考に完成させましょう。

> **人物紹介**
> 遠藤遥（女性）さんは日本人の大学生で 20 歳です。2016 年 9 月 1 日からスペインに一年間留学しようと考えています。独身です。パスポートを身分証明書としてもっています。

Datos personales:

Nombre(s) y apellido(s): **Haruka Endo**

Sexo: **Femenino**　　　Edad: **20**　　　Nacionalidad: **Japonesa**

Fecha de nacimiento: 31 / **Agosto** / **1990**

Lugar de nacimiento: **Kanagawa**

Domicilio: **Aoba-ku Aobadai 4-21, Yokohama**

Formulario para la solicitud de visado

Nombre y apellido: _____

Sexo: _____　　Edad: _____　　Nacionalidad: _____

Documentación: _____

Estado civil: _____

Tipo de visado: _____

Fecha de entrada: _____

Duración deseada: _____

Ocupación: _____

Objetivo:　☐ trabajo　　☐ estudio e investigación　　☐ turismo

TAREA 2

あなたは、職場で昇進したのでパーティーを開きます。友達にメールを出して知らせましょう。
①挨拶
②昇進した話
③パーティーへの招待
④終わりの挨拶

20 から **30** ワードで作文しましょう。

TAREA 1

旅行会社でパック旅行に申し込む：**ir a un tour**

Usted quiere ir a un tour. Complete este formulario con la información necesaria.
人物紹介を参考に、旅行申込フォームを完成させましょう。

> **人物紹介**
> ゴンサロ・パドロンさんはレオン市に住んでいます。47歳のスペイン人男性です。家族3人とパック旅行を予定しています。マジョルカ島で4泊5日を希望していて、ダブルの部屋を2つとってゆっくりしたいと思っています。せっかくの旅行なのでオプションツアーもつけて洞窟見物もしたいと思っています。支払いはクレジットカードです。友人の紹介でこの旅行会社を知りました。マジョルカ島への旅行が割引になっていることも友人から教えてもらいました。

Datos personales:

Nombre y apellido: **Gonzalo Padrón**

Sexo: **Masculino**　　　Edad: **47 años**

Nacionalidad: **Española**

Fecha de nacimiento: **22 / Marzo / 1968**

Lugar de nacimiento: **Santiago de Compostela**

Domicilio: **c/Holandés 12 1º derecha, León**

Formulario para inscripción

Nombre y apellido: _____

Sexo: _____　　Edad: _____　　Nacionalidad: _____

Si es menor de edad se necesita la autorización de uno de los padres o del tutor

Soy　☐ mayor de edad.　☐ menor de edad.

Domicilio: _____　　Estado civil: _____

Duración: _____

Destino:

Visitas optionales:

Excursión a　☐ cuevas　☐ granja　☐ ninguna

Forma de pago:　☐ metálico　☐ tarjeta de crédito　☐ transferencia bancaria

¿Cómo nos conoció? _____

¿Por qué nos eligió? _____

TAREA 2

Escrita 作文表現

あなたは運動会に参加しようとしています。
①挨拶
②あなたが誰なのか
③自分の体がどんな状態なのか
④終わりの挨拶
20 から 30 ワードで作文しましょう。

TAREA 1

銀行口座を開く：**Abrir una cuenta bancaria**

Usted quiere abrir una cuenta bancaria. Complete este formulario con la información necesaria.

人物紹介を参考に口座開設申請フォームを完成させましょう。

人物紹介
アナ・バルベルデさんは 27 歳のイラストレーターで、独身です。仕事用の銀行口座を新たに開きます。新聞広告で見た銀行に、普通預金で 500 ユーロほど貯金します。

Datos personales

Nombre y apellido: **Ana Valverde**

Sexo: **Feminina**   Edad: **27 años**

Nacionalidad: **Española**

Fecha de nacimiento: **18 / Junio / 1983**

Lugar de nacimiento: **Logroño**

Domicilio: **Avda./Gracia 114 3º derecha, Barcelona**

Nº de documentación: **1245567**

Formulario de inscripción

Nombre y apellido: _____

Sexo: _____   Edad: _____   Nacionalidad: _____

Domicilio: _____

Estado civil: _____

Número de documentación: _____

Tipo de cuenta: ☐ corriente   ☐ de ahorros

Divisa: _____   Primer ingreso: _____

¿Cómo nos conoció?

☐ Internet   ☐ Periódico   ☐ Revista   ☐ Tengo otra cuenta en este banco.

TAREA 2

あなたは今度バルセロナまで旅行しようとしています。友達を誘いましょう。
①挨拶
②あなたが誰なのか
③何をしようとしているのか
④終わりの挨拶
20 から **30** ワードで作文しましょう。

TAREA 1

Usted quiere alquilar un piso. Complete este formulario con la información necesaria.
不動産申込フォームを人物紹介を参考にスペイン語で記入しましょう。

> 人物紹介
> アマイア・エチェバリアさんは 45 歳のバスク人女性デザイナーです。現在サンセバスチャンのミリターレス通り 54 番地に住んでいますが、新しく車を買ったので車庫と小さな部屋を借りようと思います。現在一人暮らしですが自宅で仕事をしているので最低でも二部屋ほしいと思っています。地下鉄の駅の広告を見て問い合わせたら、担当者の接客が良かったので申し込むことにしました。予算は月々 600 ユーロから 800 ユーロ。家賃の支払いは銀行引き落としにしたいと思います。

Datos personales:

Nombre y apellido: **Amaia Etxebarria**

Sexo: **Femenino**   Edad: **45años**   Fecha de nacimiento: **12/ Mayo / 1965**

Domicilio: **c/Militares 54 4ª derecha, San Sebastián, España**

Nacionalidad: **Española**   Lugar de nacimiento: **San Sebastián, España**

Teléfono: **976 873 688**   Teléfono móvil: **345 898 983**

Correo electrónico: **amaia@etxebarria.net**

Nombre: _____   Apellido(s): _____

Sexo: _____   Edad: _____

Fecha de nacimiento: _____   Domicilio: _____

Nacionalidad: _____

Teléfono: _____   Teléfono móvil: _____

Correo electrónico: _____   Prefiere...   ☐ Alquilar   ☐ Comprar

Tipo de inmueble:

☐ Vivienda   ☐ Oficia   ☐ Garaje   ☐ Terreno   ☐ Naves y locales

¿Cuántas habitaciones quiere tener? _____

Escriba el precio máximo: _____

Forma de pago:

☐ metálico   ☐ hipoteca   ☐ domiciliación bancaria   ☐ transferencia bancaria

¿Cómo encontró nuestra página web? _____

¿Por qué nos eligió?   _____

TAREA 2

あなたは今度友達とサッカークラブを作ろうとしています。掲示板にメンバー募集の張り紙をしましょう。
①挨拶
②あなたが誰なのか
③何をしようとしているのか
④終わりの挨拶
20から30ワードで作文しましょう。

Lectura 口頭表現

会話の3ポイント

✓ 自己紹介の徹底

挨拶から自分の名前、出身地などの表現は必須です。必ず覚えましょう。逆に言えば、その部分がしっかりできていないなら受験はやめておいた方が無難です。また、自分の趣味、好きなこと、普段していること、家族構成なども表現できるようにしておきましょう。

自分の身の回りの物事に関する基本的な単語をチェックしておきましょう。

✓ 自分の好きなことに関してまとめておく

自分の好きなこと、得意なことに関してスペイン語であらかじめ作文しておくのもよい対策になります。そもそも考えたことのないことを、会話でいきなり話せるはずがありません。自分の考えを順序立てて話せるように、自分のやっていることとその理由を文章にしておきましょう。

✓ だまらない

口頭試験は正解を求める試験ではありません。内容の真偽はとりあえずおいておき、内容のつじつまが合っていればいいのです。ですので、わからないことがあったら、単純にわからないと言うか、説明を求めるかをすればよいのです。日本人は試験というと、唯一絶対の答えがあって、それを答えなければいけないと思いがちですが、外国語学習に関してはそれは当てはまりません。正しい文法はあっても正しい答えは一つではないのです。細かな点にとらわれて黙ってしまうのではなく、単純明快にありうる答えを堂々と言えばよいのです。

ウォームアップ練習

① 一日の挨拶をすべて言いましょう。

② 元気かどうか尋ねましょう。　　　　　　　　　qué と cómo の2通りあります。

③ 名前を尋ねましょう。その質問に答えましょう。　llamarse

④ 「はじめまして」と言いましょう。　　　　　　　2通りあります。

⑤ 出身地を尋ねましょう。質問に答えましょう。　　dónde

⑥ 学生なのか仕事をしているのか尋ねましょう。　　estudiar と trabajar

⑦ 学校やオフィスがどこにあるのか尋ねましょう。　la escuela と la oficina

⑧ 「頭が痛い」と言いましょう。　　　　　　　　　tener dolor de と doler の2通り

TAREA 1

Presentación personal 自己紹介

Debe hacer una presentación personal durante 1 ó 2 minutos. Puede hablar sobre los siguientes temas.

2分間の自己紹介をします。よく取り上げられるテーマを確認しましょう。

USTED
- Su trabajo
- Su nombre
- Sus estudios
- Su edad
- Su nacionalidad
- Lenguas que habla

役に立つ表現

◆挨拶

Buenas.	カジュアル
Buenos días. / Buenas tardes.	丁寧

◆名前の紹介

Mi nombre es…	かたい
Me llamo… / Soy…	自然

◆年齢

Tengo… años.

◆出身地

Soy de…	自然
Vengo de…	かたい（英語からの直訳を連想）
Mi país es…	かたい（英語からの直訳を連想）
Vivo en…	
Tardo… en llegar aquí.	

◆仕事や勉強

Vengo aquí en...
Trabajo en...（社名）
Soy...（職業）
Estudio español porque...
Me dedico a...（+定冠詞＋名詞／不定詞）

TAREA 1 では受験者が一人で話しますが、なめらかに自己紹介ができない場合は面接官が質問をします。たとえば、次のように聞かれます。

＊例では、すべて TÚ で活用しますが、面接では試験官によって USTED を使うこともあります。相手に合わせましょう。

¿Cómo te llamas?
¿Cuál es tu apellido?
¿De dónde eres?
¿Dónde naciste?
¿Dónde vives?
¿Qué idiomas hablas?
¿Por qué estudias español?
¿Cómo has venido al centro de examen?
¿Cuánto has tardado?
¿Estudias o trabajas?
¿Qué estudias?
¿Dónde trabajas?
¿A qué te dedicas?
¿Cuántos años tienes?

例① 2分

面接官： Hola.
受験者： Hola.
面接官： ¿Cómo estás?
受験者： Muy bien, gracias, ¿y usted?
面接官： Bien, gracias, pero háblame de tú por favor.
受験者： Más despacio, por favor.
面接官： Usa tú, por favor. Soy joven.
受験者： Vale.
面接官： Empieza con tu presentación.
受験者： Sí. Gracias. Me llamo Kaori Nakamura. Soy de Tokio.
面接官： ¿De verdad? ¿De qué parte de Tokio?
受験者： Soy de Hachioji.
面接官： Eso está muy lejos. ¿Cuánto tardas en llegar aquí?
受験者： Tardo más o menos 90 minutos. Tengo que coger 2 trenes distintos. La línea Yokohama y la línea Chuo de JR. Además, vivo lejos de la estación. Voy en bicicleta hasta la estación.
面接官： Continúa.
受験者： Soy japonesa. Vivo con mis padres, mi hermano menor y mi abuela...
面接官： ¿Estudias o trabajas?
受験者： Estudio y también trabajo por horas.
面接官： ¿Qué estudias?
受験者： Estudio Derecho en la Universidad de Tokio.
面接官： ¡Eres muy inteligente!
受験者： No, no...
面接官： Adelante.
受験者： Trabajo por horas en un izakaya.
面接官： ¿Cuándo trabajas?
受験者： Los martes y los jueves, de 8:00 a 12:00 de la noche.
面接官： ¿Cuántos años tienes?

受験者： No lo sé.
面接官： ¿No lo sabes?
受験者： Bueno, no quiero hablar sobre eso.
面接官： De acuerdo. ¿Por qué estudias español?
受験者： Porque me encanta la música española. Especialmente David Bisbal. También, me gusta España y la cultura española.
面接官： ¿Hablas algún otro idioma?
受験者： ¿Qué?
面接官： ¿Hablas otros idiomas?
受験者： Sí, sí, hablo inglés un poco.
面接官： Muy bien. Vamos a pasar a la siguiente parte.

例②

受験者： ¿Se puede?
面接官： Sí, adelante. Buenas.
受験者： ¿Qué?
面接官： ¡Hola!
受験者： Ah, hola…
面接官： ¿Estás nervioso?
受験者： Sí, un poco…
面接官： Tranquilo, tranquilo. Aquí no matamos a nadie.
受験者： Sí… Sí…
面接官： Empieza tu presentación, por favor.
受験者： Soy Jiro Torisawa. Tengo 45 años. Soy de Hokkaido, pero vivo en Tokio mucho tiempo.
面接官： ¿De qué parte de Hokkaido eres?
受験者： Soy de Muroran. Es una ciudad muy pequeña.
面接官： ¿Está cerca de Otaru?
受験者： No, no, está muy lejos.
面接官： ¿En qué parte de Tokio vives?
受験者： Vivo en Setagaya. ¿Conoces Shimo Kitazawa?

> **Lectura** 口頭表現

面接官： Sí, claro. ¿A qué te dedicas?
受験者： Trabajo en una compañía de bebidas.
面接官： ¿Cómo se llama?
受験者： Suntory. Trabajo en el departamento de ventas.
面接官： ¿Fuiste a la universidad?
受験者： Sí, estudié en la Universidad de Sophia. Estudié Económicas.
面接官： Muy difícil.
受験者： Sí, un poco.
面接官： ¿Por qué estudias español?
受験者： Porque el español es una lengua muy importante. Muchas personas hablan español en España, México, Argentina…
面接官： Muy bien.
受験者： También, necesito el español para mi trabajo.
面接官： ¿Por qué?
受験者： Es secreto. Es un proyecto secreto.
面接官： Muy bien. Sígue. Hábleme sobre su familia.
受験者： Lo siento, no quiero hablar sobre eso.
面接官： Muy bien, entonces, vamos a seguir.

例③

面接官： Adelante.
受験者： Gracias.
面接官： Siéntese.
受験者： Gracias.
面接官： Vamos a empezar. Háblame sobre ti.
受験者： Me llamo Kikuko Mimura. Tengo 25 años. Soy de la prefectura de Shimane, de Matsue. Vivo en Tokio desde la universidad. Estudié en la Universidad de Aoyama. Termino de estudiar hace 2 años. Ahora trabajo en JICA. Estudio español porque tengo que hablar con muchas personas de paises de Latinoamérica a menudo.

面接官： ¿Sí? ¿Por qué?
受験者： JICA invita a muchas personas a Japón todos los años.
面接官： ¿Qué haces en tu trabajo?
受験者： Trabajo para los proyectos internacionales de JICA.
面接官： ¿Dónde vives?
受験者： Vivo en Shinjuku. Vivo sola. Me gusta vivir sola. Pero no puedo cocinar...
面接官： Muy bien, creo que esto es todo. Vamos a pasar a la siguiente parte.

各課題で必ずやってみよう!

自分の自己紹介を録音し、下記の項目について自分で確認してください。

	○	×
1. 話が途切れ途切れでした。	☐	☐
2. 聞き取りにくい。	☐	☐
3. 同じことを繰り返す。	☐	☐
4. すべてのテーマについて話せた。	☐	☐
5. 満足している。	☐	☐

×になっている課題には、次の項目に注意して取り組んでみましょう。

1. ゆっくり話しましょう。語彙を増やしましょう
2. 大きな声で話しましょう。口を大きく開きましょう。
3./4. 事前に情報を整理して、準備した流れにそって話しましょう。
必要に応じて、話す内容の順番に番号をふってみましょう。
5. 何度も録音し、聞き直して、自信をつけましょう。

場所には conocer を使います。
× ¿Sabes + 場所 ...? (× ¿Sabes Setagaya?)

TAREA 2

【テーマの紹介】

Debe seleccionar tres de las cinco opciones para hablar durante 2 ó 3 minutos.
3つのテーマを選んで、2〜3分話しましょう。

TÚ
- Aspecto físico
- Familia
- Amigos
- Aficiones
- Entorno

役に立つ表現

Soy (alto/bajo/delgado/gordo...).	私は〜です。（体型について）
Tengo... años.	私〜です。（年齢について）
Llevo (gafas/pantalón/camisa/zapatos...).	私は（メガネ・服など）をしています。
En mi familia somos... personas.	家族は〜人です。
Mi padre/madre se llama...	お父さん・お母さんの名前は…
Tengo... hermanos/primos...	兄弟・従妹は〜人います。
Me gusta...	私は〜が好きです。

TAREA 3

Usted tendrá una conversación con el Entrevistador sobre su presentación y sobre su exposición del tema. La conversación durará 3 minutos aproximadamente.

話し終わってから、面接官と３分ぐらい自由に話をします。面接官からよくされる質問を確認しておきましょう。

¿Qué tipo de ropa te gusta?	どんな洋服が好きですか？
¿Cómo eres?	自分の見た目について話してください。
¿Cuántos sois en tu famila?	家族は何人ですか？
¿Cómo se llaman tus padres?	両親のお名前は？
¿Qué hacen?	両親のお仕事は？
¿Cuántos años tienen?	両親は何歳ですか？
¿Viven contigo?	一緒に住んでいますか？
¿Vives con tu familia?	家族と一緒に住んでいますか？
¿Tienes hermanos? ¿Cuántos?	兄弟はいますか？何人？
¿Son mayores o menores?	年上ですか、年下ですか？
¿Está casado?	結婚していますか？
¿Está soltero?	独身ですか？
¿Cuáles son tus aficiones?	趣味は？
¿Qué te gusta hacer los fines de semana?	週末、何をするのが好きですか？
¿Tus abuelos están vivos?	祖父と祖母は生きていますか？

面接試験・チェックリスト

- 答えられない、答えたくない質問を聞かれたら、No lo sé. または丁寧に Lo siento, no quiero hablar sobre eso. と答えれば、面接官はそれ以上には触れません。
- スペイン語は具体性を好む言語と文化なので、勉強した大学や学部、働いている会社の名前や業界など、具体的に話をしたほうが評価されやすいようです。具体的なことを言わないと、何かを隠しているようにスペイン語圏では思われがちです。個人情報を漏らすことはありませんので、面接官にはできるだけ多くの話をするように心がけましょう。

Lectura 口頭表現

例①

受験者： Soy alta, un poco gorda y tengo el pelo negro.
面接官： Muy bien.
受験者： Tengo 49 años. No soy muy joven.
面接官： No, no, qué va.
受験者： Llevo lentes de contacto ahora, pero también uso gafas. Ahora llevo un pantalón vaquero, una camisa azul y verde y unos zapatos negros.
面接官： Adelante.
受験者： Tengo muchos amigos. Tengo amigos en el trabajo, tengo amigos de español. También juego al fútbol y tengo amigos de fútbol.
面接官： Muy bien. Estás muy activa.
受験者： ¿Cómo?
面接官： Que haces muchas cosas.
受験者： Sí, siempre estoy muy ocupada. No tengo tiempo.
Con mis amigos, voy al izakaya a veces y como pescado y carne.
面接官： ¿No bebes?
受験者： Sí, sí, claro. Me gusta la cerveza y el vino tinto.
Los fines de semana, voy a ver películas españolas al cine. También estudio español el sábado. Voy a clases los sábados de 11:30 a 12:30 en Yotsuya. El profesor es de Albacete. Es muy simpático.
面接官： De Albacete. No conozco a nadie de Albacete. Es una ciudad muy pequeña.
受験者： Sí.
面接官： ¿Algo más?
受験者： Mi afición es estudiar español. Me encanta la música y todo.
面接官： De acuerdo, ahora vamos a seguir con la Tarea 3.
受験者： Sí.
面接官： ¿Cuántos sois en tu familia?

受験者： Somos 4. Mi esposo, mi hija, mi hija... ¡No, no, mi hijo! Y yo.
面接官： ¿Cuántos años tienen tus hijos?
受験者： Mi hija tiene 18 años, y mi hijo 24.
面接官： ¿A qué se dedican?
受験者： Mi hija estudia Literatura en la universidad, mi hijo trabaja para una empresa.
面接官： ¿En qué universidad estudia tu hija?
受験者： En la Universidad de Keio.
面接官： Y tu hijo, ¿dónde trabaja?
受験者： En una empresa muy grande, pero no sé su nombre. No me acuerdo...
面接官： ¿No?
受験者： No... No sé... Espera... No... No sé...
面接官： Tranquila. No pasa nada. No es importante. Está casado, ¿no?
受験者： Sí, claro.
面接官： ¿Tiene novia?
受験者： ¡No! ¡No! Claro que no.
面接官： ¿Cómo se llaman tus hijos?
受験者： Mi hijo es Kiyohiko y mi hija Mizuho.
面接官： Son nombres muy bonitos. ¿Tú trabajas?
受験者： No, ahora no tengo trabajo.
面接官： ¿No?
受験者： No, la crisis... Ahora estoy buscando.
面接官： Entonces, ánimo.
受験者： Gracias.
面接官： Yo creo que esto es todo.
受験者： ¿Cómo?
面接官： Hemos terminado.
受験者： Sí, gracias.
面接官： Hasta pronto.
受験者： Sí, gracias. Adiós.

TAREA 2

Lectura 口頭表現

【テーマの紹介】

Debe seleccionar tres de las cinco opciones para hablar durante 2 ó 3 minutos.
テーマを3つ選んで、2〜3分話しましょう。

TÚ

- Comer fuera o en casa 　　　　　外食か自宅で食べるか？
- Cocinar 　　　　　　　　　　　　料理する
- Comer solo o acompañado 　　　一人で食べるか誰かと一緒に食べるか
- Horas de comida 　　　　　　　　食べる時間
- Comida preferida (italiana / china / japonesa / carne / pescado, etc.)
  好きな料理

役に立つ表現

Voy a hablar sobre...	〜について話す
Yo prefiero... a... porque...	〜は〜より良い。その理由は…
Intento comer... porque...	〜を食べようとする。その理由は…
Me gusta más...	〜の方が好きです。
La cocina... es muy sana.	〜の料理は健康的です。
Desayuno/Como a mediodía/Ceno a las...	〜時に朝食・昼食・夕食を食べる
Comidas ligeras/pesadas.	軽食・おなかにたまる食事
Mi comida favorita es +定冠詞... / son +定冠詞...	一番好きな料理は…

TAREA 3

Usted tendrá una conversación con el Entrevistador sobre su presentación y sobre su exposición del tema. La conversación durará 3 minutos aproximadamente.

話し終わってから、面接官と3分ぐらい自由に話をします。次のような質問をされるので、準備しておきましょう。

🎧 112 ¿A qué hora sueles desayunar / comer / cenar?
　　　　　　　　　　　　　　　　　　　　　　何時に朝食・昼食・夕食をとりますか？

¿Qué prefieres comer normalmente?　　　　普段何を食べていますか？
¿Eres vegetariano? ¿Por qué?　　　　　　　ベジタリアンですか？なぜですか？
¿Qué sabes cocinar?　　　　　　　　　　　料理ができますか？
¿Cómo se prepara?　　　　　　　　　　　　どのように作りますか？
¿Sueles comer fuera o en casa? ¿Por qué?　外食が多いですか？なぜですか？
¿Te gusta la comida española? ¿Qué platos?
　　　　　　　　　　　　　　　　スペイン料理が好きですか？どんなものが好きですか？
¿Cocinas a menudo? ¿Por qué?　　　　　　よく料理をしますか？なぜですか？
¿Con quién comes normalmente?　　　　　普段は誰と食事をしますか？

🎧 113 　例② 　（TAREA 2 と TAREA 3 が続いています。面接官によってこの形式も少なくありません。）

面接官： Vamos a empezar la tarea 2. ¿Qué temas has elegido?
受験者： La comida.
面接官： Muy bien, pues empieza cuando quieras.
受験者： Gracias.
面接官： Adelante.
受験者： Primero, voy a hablar sobre mi comida preferida.
面接官： Vale.
受験者： Me gusta la comida japonesa porque podemos comer carne, pescado y verdura. Intento comer verdura a menudo porque es muy sana. Es buena para mi cuerpo. Quiero estar sano.
面接官： Eso es muy importante.

受験者：Sí, la comida japonesa es muy natural. Muy buena. No quiero comer mucha carne. Prefiero comer pescado. El pescado está muy bueno.
面接官：¿Eres vegetariano?
受験者：No, no. Solo quiero comer sano. También me encanta cocinar. Sé cocinar muchos platos.
面接官：¿Qué sabes cocinar?
受験者：Por ejemplo, sopa de miso, nimono, korokke, tamago kakegohan....
面接官：¿Nimono? ¿Korokke?
受験者：Nimono, no sé cómo se dice en español. Son verduras cocidas y otros ingredientes. Korokke son croquetas muy grandes. Las croquetas de España son muy pequeñas.
面接官：No, yo creo que las croquetas japonesas son muy grandes.
受験者：No, son normales... ¿No?
面接官：Sigue.
受験者：La cocina japonesa es muy fácil. Cortar y comer. Como el sashimi.
面接官：Sí, sí. ¿Y sabes hacer algún plato español?
受験者：Sí. Puedo cocinar paella y tortilla de patatas. A veces las cocino para mis amigos.
面接官：¿Qué tipo de paella haces? ¿De marisco o de carne?
受験者：¿Marisco?
面接官：Sí, gambas, mejillones, etc.
受験者：Sí, siempre uso gambas en la paella, carne no.
面接官：Ah...
受験者：Y también me gusta mucho la paella de pasta...
面接官：¿Paella de pasta?
受験者：Fi... fi... ¿Fideuá?
面接官：Ah, sí. Está muy rica. Es de Valencia.
受験者：Sí, yo estudié en Valencia.

面接官： ¿Sí? Yo soy de Valencia.
受験者： ¿Sí? ¡Me encanta Valencia! Sobre todo, la Ciudad de las Artes.
面接官： Me alegro. Dime, ¿te gusta comer fuera?
受験者： Sí, en Japón sí. Es muy barato. En España, muy caro. Pero tapas, muy baratas.
面接官： ¿Qué tipo de restaurante te gusta?
受験者： Los izakaya y los restaurantes de comida coreana. También estoy aprendiendo coreano. Me gusta Hanryu.
面接官： ¿Hanryu? ¿Qué es eso?
受験者： Son las cosas coreanas. Ahora son muy famosas en Japón.
面接官： No lo sabía. ¿Con quién comes normalmente?
受験者： … ¿Normalmente?
面接官： Sí, ¿con quién comes?
受験者： Ah, sí, pues… Por la mañana, como con mi miger.
面接官： ¿Y a mediodía?
受験者： Como con mis compañeros de trabajo o solo.
面接官： ¿Solo?
受験者： Sí, a veces quiero estar solo.
面接官： Muy bien… ¿Y por la noche?
受験者： Ceno con mi familia.
面接官： ¿Tu familia?
受験者： Sí, con mi mujer y mis hijos.
面接官： De acuerdo. Muchas gracias por todo. Creo que hemos terminado.
受験者： Gracias.
面接官： Hasta pronto.
受験者： Adiós.

TAREA 2

Debe seleccionar tres de las cinco opciones para hablar durante 2 ó 3 minutos.
テーマを3つ選んで、2〜3分話しましょう。

TÚ
- TU CASA
- CASA O PISO
- VIVIR SOLO O COMPARTIR
- TUS MUEBLES
- TU BARRIO

役に立つ表現

Vivo en...	〜に住んでいます。
Mi casa tiene...	自宅には〜があります。
Prefiero...	〜のほうがいい。
Prefiero vivir...	〜のほうに住みたい。
En mi habitación hay...	私の寝室には〜があります。
salón/cocina/terraza/entrada/cuarto de baño	
居間・台所・ベランダ・玄関・トイレ	
La estación más cercana a mi casa es...	最寄駅は〜
La estación que está más cerca de mi casa es...	最寄駅は〜
Cerca de mi casa hay...	うちの近くには〜があります。
Comparto porque...	シェアをしている理由は〜です。
Vivo solo porque...	一人で住んでいる理由は〜です。

TAREA 3

Usted tendrá una conversación con el Entrevistador sobre su presentación y sobre su exposición del tema. La conversación durará 3 minutos aproximadamente.

話し終わってから、面接官と3分ぐらい自由に話をします。面接官からよくされる質問を確認しておきましょう。

¿Prefieres vivir en un piso o en una casa?

マンションと一戸建て、どちらに住みたいですか？

¿Compartes piso?　　　　　　　　　　住宅をシェアしていますか？

¿Con quién vives?　　　　　　　　　　誰と住んでいますか？

¿Los alquileres son muy caros en Tokio?　東京での家賃は高いですか？

¿Dónde quieres vivir?　　　　　　　　どこに住みたいですか？

¿Quieres vivir en otros países? ¿Dónde?

海外に住みたいですか？どこの国がいいですか？

¿Qué hay cerca de tu casa?　　　　　　自宅の近くに何がありますか？

¿Cómo es tu barrio?　　　　　　　　　住んでいる街はどんなところですか？

¿Tienes vecinos? ¿Cómo son?

近所に誰か住んでいますか？どのような人がいますか？

¿Cómo es tu casa? / ¿Cómo es la casa de tus padres?

どんなところに住んでいますか／ご両親の住宅はどんなところですか？

¿Cómo es tu cuarto?　　　　　　　　　自分の部屋について話してください。

¿Tienes muchas visitas?　　　　　　　友達がよく来ますか？

¿Te gusta hacer fiestas en tu casa?　　　自宅でパーティをするのが好きですか？

¿Prefieres comprar o alquilar?　　　　　家は買いたいですか、借りたいですか？

例③　3分

面接官： Vamos a seguir con la segunda parte del examen.
受験者： Sí.
面接官： Empieza.
受験者： Voy a hablar sobre mi casa.
面接官： Muy bien. Adelante.
受験者： Vivo en un piso muy pequeño. No es mío. Estoy alquilándolo.

	Solo tiene 1 dormitorio y un pequeño salón. Vivo solo. Es muy pequeño. También tiene cuarto de baño unit bath, ¿sabes qué es?
面接官：	Sí, sí. Continúa.
受験者：	Quiero comprar un piso, pero no tengo dinero.
面接官：	¿No prefieres vivir en una casa?
受験者：	Sí, pero en Tokio, es muy, muy, muy caro. No gano tanto.
面接官：	Entonces, prefieres vivir solo. No te gusta compartir.
受験者：	En Japón, muy poca gente comparte. Es difícil. Yo prefiero vivir solo.
面接官：	Pero es más caro.
受験者：	Sí, por eso mi piso es muy, muy pequeño.
面接官：	¿Dónde vives?
受験者：	En Koiwa.
面接官：	¿Koiwa? ¿Eso dónde está?
受験者：	En Edogawa. Cerca de Chiba.
面接官：	Está muy lejos.
受験者：	No, no mucho. Es muy cómodo. Tengo muchas estaciones de tren cerca.
面接官：	No lo sabía. ¿Qué hay en tu barrio?
受験者：	¿Barrio?
面接官：	Sí, cerca de tu casa.
受験者：	Hay muchas tiendas de Pachinko, supermercados, restaurantes. También hay un templo muy famoso.
面接官：	¿Vas a menudo al templo?
受験者：	No.
面接官：	¿Tienes vecinos?
受験者：	Sí, muchos.
面接官：	¿Los conoces?
受験者：	No, no los conozco.
面接官：	¿Por qué?
受験者：	Empecé a vivir en mi piso hace 3 meses. No conozco a casi nadie.

　　　　　　　Pero mi trabajo está cerca.
面接官： ¿Tienes muchos muebles?
受験者： No, tengo muy pocos porque mi casa es nueva.
面接官： Creo que es suficiente. Ya hemos terminado.
受験者： ¿Sí?
面接官： Sí, muchas gracias.
受験者： De nada.
面接官： Hasta pronto.
受験者： Adiós.

TAREA 2

Debe seleccionar tres de las cinco opciones para hablar durante 2 ó 3 minutos.
テーマを３つ選んで、２〜３分話しましょう。

TÚ
- ESTUDIOS
- TRABAJAR EN EQUIPO O SOLO
- TRABAJAR EN UNA EMPRESA GRANDE O PEQUEÑA
- PROFESIÓN
- ASIGNATURA PREFERIDA

役に立つ表現

Estudio en...
He estudiado en...
Me licencié en...
Estudié... porque...
Trabajo en...
Soy... en...
Me dedico a...
Prefiero... porque...
Quiero ser...
Trabajo por horas en...
Investigo sobre...
Me gusta trabajar en equipo porque...

TAREA 3

Usted tendrá una conversación con el Entrevistador sobre su presentación y sobre su exposición del tema. La conversación durará 3 minutos aproximadamente.

話し終わってから、面接官と3分ぐらい自由に話をします。面接官からよくされる質問を確認しておきましょう。

¿Estudias o trabajas?
¿Qué estudias?
¿Qué has estudiado?
¿Por qué estudias…?
¿Qué quieres hacer en el futuro?
¿Dónde quieres trabajar?
¿Cuál es tu asignatura preferida?
¿Cómo es tu oficina?
¿Dónde está tu oficina?
¿Tienes muchas vacaciones? ¿Cuándo?
¿Cuántas clases tienes a la semana?
¿Cuál es tu horario de oficina?
¿Cómo son tus compañeros de trabajo/clase?

模範解答③ 3分

面接官： Vamos a empezar.
受験者： Sí. Voy a hablar sobre mi profesión.
面接官： Pues adelante.
受験者： Yo estudié en una universidad muy pequeña. Está en Sendai. Pero despues de licenciarme, busqué trabajo y encontré trabajo en Tokio. Por eso yo vine a Tokio.
面接官： Muy bien. ¿Te gusta Tokio?
受験者： Un poquito. Aquí estoy muy ocupado.
面接官： ¿En qué trabajas?
受験者： Trabajo en una empresa de bebidas.
面接官： ¿De bebidas? ¿En cuál?

受験者：No lo sé. Bueno, no puedo decir.
面接官：Vale. ¿Y qué haces en tu trabajo?
受験者：Tengo que traer productos de otros países. Alcohol, refrescos, etc.
面接官：¿Coca Cola?
受験者：Sí, como Coca Cola.
面接官：Entonces, tu trabajo es muy importante.
受験者：No, no, es muy fácil. Tú puedes también hacerlo. El trabajo de profesor es más difícil.
面接官：No sé, no sé.
受験者：Pronto voy a vivir en México. Allí tenemos una fábrica muy grande. Estudio español antes de vivir allí.
面接官：¿Vas solo a México?
受験者：Primero sí, después, mi familia viene también. Hay colegio para japoneses y mis hijos van a estudiar allí.
面接官：Entonces, a ti te gusta trabajar en equipo.
受験者：Sí. Trabajar en equipo es muy importante.
面接官：¿Tienes vacaciones?
受験者：Sí, pero muy pocas. Muy pocas.
面接官：¿Cuántos días?
受験者：Más o menos, 2 semanas al año. Creo que menos.
面接官：¿Quieres estar mucho tiempo en México?
受験者：No. Quiero volver a Japón pronto. Es muy peligroso.
面接官：¿Cuál es tu horario de oficina?
受験者：¿Horario? ¿Qué significa horario?
面接官：Son las horas que trabajas. ¿Cuándo trabajas?
受験者：En Japón, más o menos, de 11:00 a 21:00 todos los días.
面接官：¿Todos los días? ¿Sábados y domingos también?
受験者：No, no. Los fines de semana descanso.
面接官：Menos mal.
受験者：Sí.
面接官：¿Cómo es tu oficina en México?

受験者： Muy pequeña. Solo hay 5 personas japonesas.
面接官： ¿Y mexicanos?
受験者： Muchos.
面接官： ¿Cuánto tiempo vas a estar allí?
受験者： No sé. 3 o 4 años. No sé.
面接官： ¿Cuándo te vas?
受験者： El mes próximo.
面接官： Muy bien. ¡Mucha suerte!
受験者： Gracias.
面接官： Hemos terminado. Muchas gracias.
受験者： De nada.
面接官： Adiós.

TAREA 2

Debe seleccionar tres de las cinco opciones para hablar durante 2 ó 3 minutos.
テーマを3つ選んで、2～3分話しましょう。

TÚ
- VACACIONES
- CLIMA
- MEDIOS DE TRANSPORTE
- TIEMPO LIBRE
- FINES DE SEMANA

役に立つ表現

En vacaciones, siempre… / suelo…
Me gusta pasar mis vacaciones en…
Tengo vacaciones en… todos los años.
Cojo las vacaciones todos los años en…
Prefiero viajar en…
No me gusta viajar en… porque…
Los fines de semana suelo…
Hace… en verano/en mi ciudad.
Mi estación del año preferida es… porque…
Para ir a trabajar, uso el…
Soy aficionado a…
La montaña/la playa/la ciudad.
Siempre que tengo tiempo libre…

TAREA 3

Usted tendrá una conversación con el Entrevistador sobre su presentación y sobre su exposición del tema. La conversación durará 3 minutos aproximadamente.

話し終わってから、面接官と3分ぐらい自由に話をします。面接官からよくされる質問を確認しておきましょう。

121

¿Dónde sueles pasar las vacaciones?
¿Cuándo sueles coger tus vacaciones?
¿Cuántos días de vacaciones tienes al año?
¿Cómo usas tu tiempo libre?
¿Cuándo sueles tener tiempo libre?
¿Cuáles son tus aficiones?
¿Te gusta viajar? ¿Dónde?
¿Qué medio de transporte prefieres?
¿Cuál es tu estación preferida?
¿Qué clima te gusta más?
¿Qué tiempo hace hoy?

122

例⑤　3分

面接官： ¿Qué tema has elegido?
受験者： El tiempo libre, las vacaciones.
面接官： Muy bien, pues empieza.
受験者： Yo en vacaciones siempre voy a Chigasaki. Mis abuelos viven allí. Duermo en su casa con mi hermana.
面接官： ¿Y qué hacéis en Chigasaki?
受験者： Descansamos, vamos a la playa. También hacemos una barbacoa en la playa a veces. Mi hermana y yo hacemos windsurf.
面接官： ¿Windsurf?
受験者： Sí. Desde niños nos gusta mucho.
面接官： Interesante.
受験者： Mi padre tiene también un barco pequeño. Y a veces pasamos

面接官： la noche en el mar.
面接官： Pero eso es muy peligroso.
受験者： No, no es peligroso.
面接官： ¿No? Vale...
受験者： A veces, mis amigos vienen a casa de mis abuelos y dormimos todos allí. Es una casa muy vieja y muy, muy grande.
面接官： ¡Qué envidia! ¿Cuántos días de vacaciones tienes normalmente?
受験者： Soy estudiante. Febrero y marzo son vacaciones. Agosto también. Tengo mucho tiempo. Siempre paso dos o tres semanas en Chigasaki.
面接官： ¡Qué suerte!
受験者： ...
面接官： ¿Viajas fuera de Japón?
受験者： No me gusta viajar fuera de Japón porque tengo miedo al avión.
面接官： ¿Nunca has subido en un avión?
受験者： Sí, pero tuve mucho miedo.
面接官： ¿Dónde fuiste?
受験者： Fui a Okinawa.
面接官： Yo nunca he ido a Okinawa.
受験者： Es muy bonito.
面接官： ¿Quieres volver a ir a Okinawa?
受験者： No.
面接官： Pero es muy bonito.
受験者： Sí, pero tengo miedo del avión.
面接官： ¿Por qué no vas en barco?
受験者： Porque tardo mucho tiempo.
面接官： Sí... Entonces, ¿cómo vas a Chigasaki?
受験者： En tren.
面接官： ¿Qué medio de transporte te gusta más?
受験者： El tren.

面接官： ¿Por qué?
受験者： El tren es rápido y cómodo. No es muy caro y es muy fácil de usar.
面接官： Claro. La primera vez que subí al tren fue en Tokio.
受験者： ¿De verdad?
面接官： Sí.
受験者： ¿Por qué?
面接官： Yo soy de Palencia y allí no hay tren.
受験者： Qué pena...
面接官： No, no pasa nada.
受験者： ¿Tokio fue difícil?
面接官： Al principio sí, un poco. Para terminar, dime, ¿cuál es tu estación preferida?
受験者： Mi estación preferida es primavera. También me gusta otoño. En primavera y otoño no hace mucho frío. Tampoco hace mucho calor y podemos ir al parque a jugar o a descansar.
面接官： Sí, es verdad. A mí me gusta el verano, pero en España.
受験者： Algún día quiero ir a España.
面接官： Yo también. Bueno, ya hemos terminado. Muchas gracias.
受験者： De nada.
面接官： Hasta pronto.
受験者： Adiós.

TAREA 4

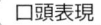

Hablará con su entrevistador basándose en unas láminas.
絵を見て、面接官と会話しましょう。

El Entrevistador pregunta　　Usted responde
面接官の質問　　　　　　　　受験者の答え

①

質問　　　　　　　　　　　　答え
¿Quiénes son?　　　　　　　Son unas personas, una familia.
¿Qué relación tienen?　　　　Creo que son una familia.
　　　　　　　　　　　　　　Este es el padre, esta es la madre…
¿Dónde están?　　　　　　　Están en un parque.

自分で質問と答えを作りましょう。

パートナーと練習しましょう。

🎧 ②

¿Quieres azúcar?   Sí, por favor.
¿Quieres un café?   Sí, con azúcar y sin leche.
¿Qué desea?   Un café solo.

🎧 ③

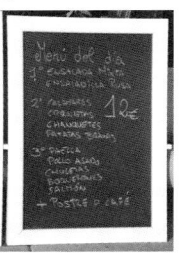

¿Hay menú del día?   Sí, claro.
¿Qué tiene el menú del día?   Tiene a elegir un primer plato, un segundo plato y postre. La bebida aparte.

¿Cuánto cuesta el menú del día?   6 euros.

¿Se puede aparcar aquí? No, aquí está prohibido aparcar.
¿Hay algún aparcamiento por aquí? Sí. Está todo recto a la derecha.

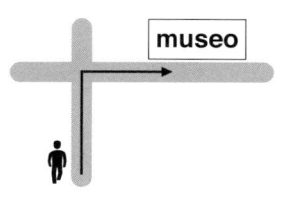

¿Cómo se va al Museo del Prado? Sigue todo recto y luego gira a la derecha.

¿Cuánto se tarda? Yo creo que, más o menos, 10 minutos.

¿Puedo ir andando? Sí, está muy cerca.

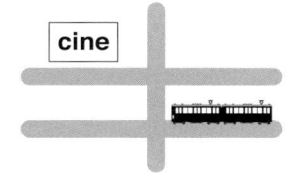

🎧 ⑥

¿Se pueden hacer fotos?
¿Puedo hacer fotos?
¿Puedo usar mi cámara?

🎧 ⑦

¿Qué desea? Quiero comprar pan.
¿Cuántas barras quiere? Dos barras, por favor.
¿Algo más? No, nada más.

⑧

¿Quiere alguna taza más?   No, gracias.
¿Quiere algo más?   Sí, por favor. Churros.
¿Cuántas raciones quiere?   Para 2 personas, por favor.

⑨   Agencia de viaje

Lunes a viernes
10:00-14:00, 17:00-20:30
Sábado
10:00-12:00

A qué hora abre la agencia de viajes?   Todos los días de 10:00 a 14:00 y de 17:00 a 20:30.

¿Está abierta la agencia de viajes ahora?   No, está cerrada.
¿Abre los sábados?   Sí, pero solo hasta el mediodía.

Secretaría de la escuela

Lunes a viernes
10:00-14:00, 16:00-18:00
Sábado y domingo
Cerrada

¿Dónde está el servicio? Está al fondo a la derecha.
¿Dónde están los aseos? Están todo recto.
¿Dónde está el cuarto de baño? Está en el primer pasillo a la izquierda.
¿Hay servicio? No, lo siento.

¿Se puede fumar aquí? No, no se puede fumar aquí.
¿Dónde se puede fumar? Aquí no se puede fumar. Vaya fuera.
¿Está permitido fumar? Sí, adelante.
¿Está prohibido fumar? Sí, lo siento.

¿Dónde está tu casa?
¿Cómo puedo ir desde aquí?
¿Está muy lejos?

¿Cómo es tu casa?
¿Cuántas habitaciones tiene?
¿Cuál es tu habitación?
¿Con quién vives?

第 1 章　人間関係・描写・性格

◆ 家族と知り合い

abuela　祖母
abuelo　祖父
hermana　姉妹
hermano　兄弟
hija　娘
hijo　息子
madre　母
marido / esposo　夫
mujer / esposa　妻
nieta　孫
nieto　孫
padre　父
prima　いとこ
primo　いとこ
sobrina　姪
sobrino　甥
tía　おば
tío　おじ

amiga　友達
amigo　友達
compañera de trabajo　同僚
compañero de trabajo　同僚
compañera de piso
　　　　　同居人（マンションの）
compañero de piso
　　　　　同居人（マンションの）
novia　恋人
novio　恋人

◆ 外見について

alto/ta　背が高い
bajo/ja　背が低い

delgado/da　痩せている
feo/a　醜い
gordo/da, relleno/na　太っている
guapo/pa　魅力的である
ojos azules / verdes / marrones
　　目が青い／緑／茶色
tener / llevar pelo largo
　　長い髪をしている
tener / llevar pelo corto
　　短い髪をしている
tener / llevar pelo rubio
　　金髪である
tener / llevar pelo moreno
　　黒い髪をしている
tener / llevar pelo castaño
　　栗色の髪をしている
tener / llevar pelo liso　直毛である
tener / llevar pelo rizado
　　縮れ毛である

◆ 性格について

alegre　明るい
antipático/ca　感じ悪い
gracioso/sa　可笑しい
inteligente, listo/ta　頭がいい
optimista　楽観的である
pesimista　悲観的である
romántico/ca　ロマンチックである
serio/ria　真面目である
simpático/ca　感じがよい
sociable　社交的である
tímido/da　気が小さい
trabajador/dora　働き者

casado/da　既婚の
divorciado/da　離婚した
muerto/ta　死亡した
parado/da　失業中の
separado/da　別居中の
soltero/ra　独身の

viudo/da　配偶者に死なれた

casarse　結婚する
divorciarse　離婚する
separarse　別居する

第2章 ● 食事とレストラン

◆食事

desayuno　朝食
almuerzo / comida　昼食
merienda　軽食
cena　夕食

◆食べ物

bocadillo　サンドウィッチ
carne　肉
ternera　牛肉
cerdo　豚肉
pollo　鶏肉
cordero　羊肉
fruta　果物
manzana　リンゴ
melocotón　桃
naranja　オレンジ
plátano　バナナ
pera　洋ナシ
tomate　トマト
uva　ブドウ
hamburguesa　ハンバーガー
huevo　卵
jamón　ハム
jamón serrano　生ハム
pan　パン
pasta　パスタ
patata　ジャガイモ

pescado　魚
queso　チーズ
sandwich　サンドウィッチ
verdura　野菜
lechuga　レタス
pepino　きゅうり
zanahoria　にんじん
yogur　ヨーグルト

◆飲み物

agua mineral　ミネラルウォーター
agua con gas　炭酸入り水
agua sin gas　無炭酸水
café solo　ブラックコーヒー
café con leche　ミルクコーヒー
café cortado　牛乳少な目のコーヒー
leche manchada　コーヒー入り牛乳
cerveza　ビール
caña　生ビール（中）
tubo　生ビール（大）
leche　牛乳
sangría　サングリア
té　お茶
vino　ワイン
blanco　白ワイン
tinto　赤ワイン
rosado　ロゼワイン
zumo　ジュース

137

zumo de naranja　オレンジジュース
zumo de manzana　リンゴジュース
zumo de piña　パイナップルジュース

◆食器

cacerola / olla　深鍋
cuchara　スプーン
cucharón　大さじ
cuchillo　ナイフ
fregadero　流し
fuente　深皿
sartén　フライパン
tenedor　フォーク
plato　皿
vaso　コップ

◆料理

albóndigas　肉団子
cocido　煮込み
ensalada　サラダ
macarrones　マカロニ
paella　パエリア
sopa　スープ
spaghetti　スパゲッティ

aceite　油
aceite de oliva　オリーブオイル
aceite de girasol　ひまわり油
azúcar　砂糖
pimienta　唐辛子
sal　塩
salsa　ソース
vinagre　酢

◆動詞

desayunar　朝食を食べる
almorzar　おやつを食べる

comer　昼食を食べる
beber　飲む
merendar　おやつを食べる
cenar　夕食を取る
tapear　おつまみをつつく
costar　お金がかかる
gustar　気に入る
parecer　〜のように見える
preferir　〜を好む
tomar　取る

◆形容詞

ácido　酸っぱい
agrio　酸っぱい
amargo　苦い
bueno　おいしい
caliente　熱い
dulce　甘い
frío/a　冷たい
malo/la　まずい
rico/ca　おいしい
salado/da　しょっぱい

◆レストランにて

aseos / servicios　トイレ
bebida　飲み物
camarero　ウェイター
carta / menú　メニュー
cocinero　料理人
cuenta / nota　伝票
mesa　テーブル
menú del día　本日のおすすめ
postre　デザート
primer plato　前菜
segundo plato　メイン

第 3 章 ● 住宅

◆住居のタイプ

apartamento　アパート
casa　一軒家
chalé　別荘
estudio　ワンルームマンション
piso　マンション

◆不動産関係

anuncio　広告
anuncios por palabras　文字広告
inmobiliaria　不動産屋
oferta　セール
publicidad　広告

◆部屋

cocina　キッチン
cuarto de baño / baño　風呂場
cuarto　部屋
despacho　書斎
dormitorio　寝室
entrada　入口
garaje　ガレージ
pasillo　廊下
salón　リビングルーム
salón comedor　リビングダイニング
terraza　テラス

◆家具

alfombra　じゅうたん
armario　洋服ダンス
cama　ベッド
escritorio　勉強机
estantería　棚
estante　棚、棚板

lámpara　電灯
mesa　テーブル
mesita de noche　ナイトテーブル
moqueta　じゅうたん
silla　椅子
sillón　肘掛け椅子
sofá　ソファー

◆電化製品など

aire acondicionado　エアコン
altavoz　スピーカー
ascensor　エレベーター
calefacción　暖房
cocina　キッチン
consola (de videojuegos)　ゲーム機
equipo de música　ステレオセット
escalera　階段
frigorífico / nevera　冷蔵庫
hornilla　コンロ
horno　オーブン
lavadora　洗濯機
lavavajillas　食器洗い機
microondas　電子レンジ
ordenador　コンピューター
radio　ラジオ
(reproductor de) CD / DVD / Bluray
　プレーヤー
tostador　トースター
televisión / televisor　テレビ

◆動詞

alquilar　借りる
amueblar　家具を設置する
comprar　買う

139

lavar　洗う
limpiar　掃除する
mudarse　引越しする
ordenar　命令する、並べる
pagar　支払う
vender　売る
vivir　生きる

◆形容詞

amplio / grande / espacioso　広い
pequeño　狭い
nuevo　新しい
viejo / antiguo　古い
barato　安い
caro　高い
cómodo　快適な

incómodo　居心地が悪い
moderno　近代的な
luminoso　明るい
oscuro　暗い

◆序数

primero　1番目
segundo　2番目
tercero　3番目
cuarto　4番目
quinto　5番目
sexto　6番目
séptimo　7番目
octavo　8番目
noveno　9番目
sécimo　10番目

第4章 ● 教育と職業

◆教科

arte　芸術
ciencias naturales　自然科学
derecho　法律
física　物理
fotografía　写真
historia　歴史
idiomas　言語
informática　情報処理
ingeniería　技術
literatura　文学
matemáticas　数学
medicina　医学
química　化学

◆職業

abogado　弁護士

ama de casa　主婦
ATS　保健技師、看護師
camarero　ウェイター
comercial　商売人
conductor　運転手
dependiente　店員
empleado　職員
director　社長
gerente　重役
empresario　企業家
estudiante　学生
ingeniero　技術者
recepcionista　受付
secretario　秘書
taxista　タクシー運転手
telefonista　電話係
jefe　上司

◆面接

entrevista　面接
sueldo　給料
currículum　履歴
horario de trabajo　勤務時間

◆学校・職場

colegio　小学校
instituto　中学校、高校
academia　私立学校
universidad　大学
facultad　学部
hospital　病院
oficina　オフィス
empresa　企業
departamento　部門
sección　課

◆その他

actividades　活動
ejercicios　運動
lápiz　鉛筆
goma　消しゴム
sacapuntas　鉛筆削り
papel　紙
bolígrafo　ボールペン
portaminas　シャープペンシル
libreta　手帳
pizarra　黒板
tiza　チョーク
apuntes　メモ、プリント
bloc de dibujo　落書き帳
bloc de notas　メモ帳
examen　試験
examen final　期末試験
examen parcial / parcial　中間試験

trabajo　実技
en grupo　グループで
por parejas　ペアで
diccionario　辞書
libro de texto　教科書
página　ページ
lección　レッスン
clase　クラス
aula　教室
ordenador　コンピューター
mapa　地図

◆動詞

aprender　習得する、習う
entender　理解する
escribir　書く
estar en paro　失業する
leer　読む
redactar　文章を書く
repasar　復習する
repetir　くりかえす
opositar　公務員試験を受ける
preguntar　質問する
responder　答える
levantar la mano　手をあげる
hacer un examen　テストをする
hacer los deberes　宿題をする
trabajar　働く

141

第 5 章 ● 旅行と余暇

◆町

aeropuerto 空港
plaza 広場
calle 通り
avenida 大通り
carretera 車道
edificio 建物
estación de tren / metro
　駅（鉄道・地下鉄の）
parada de autobús バス停
parada de taxis タクシー乗り場
cine 映画館
supermercado スーパーマーケット
colegio 小学校
iglesia 教会
catedral 大聖堂
hospital 病院
restaurante レストラン
bar バル
tienda 店
oficina de correos / correos 郵便局
farmacia 薬局
papelería 文房具店
librería 書店
biblioteca 図書館
banco 銀行
barrio 地区
ayuntamiento 市役所
aparcamiento 駐車場
centro comercial
　ショッピングセンター
grandes almacenes デパート
bloque de pisos 居住地区
cafetería カフェテリア

parque 公園
museo 美術館
zoo 動物園

◆旅・場所

mar 海
montaña 山
playa ビーチ
ciudad 市
pueblo 村
país 国

◆旅・その他

pasaporte パスポート
billete de ida y vuelta 往復切符
entrada 入場券
excursión 遠足
hotel ホテル
habitación individual 一人部屋
habitación doble 二人部屋
alojamiento 宿泊施設
albergue 宿舎
hostal 民宿
maleta スーツケース
oficina de información 情報センター
reserva 予約
vacaciones 休暇
plano 地図

◆季節

primavera 春
verano 夏
otoño 秋
invierno 冬

◆方向
al final de 　〜の奥に
al lado de 　〜の隣に
enfrente de 　〜の前に
todo recto 　ずっとまっすぐ
delante de 　〜の前に
detrás de 　〜の後ろに

◆交通手段
avión 　飛行機
barco 　船
bicicleta 　自転車
coche 　自動車
autobús 　バス
taxi 　タクシー
tren 　電車
metro 　メトロ
moto / motocicleta 　バイク

◆形容詞
grande 　大きい
pequeño 　小さい
ancho 　広い
estrecho 　狭い
cerca 　近い
lejos 　遠い
arriba 　上に
abajo 　下に

bonito 　かわいい
feo 　ダサい
moderno 　近代的な
antiguo 　古い
nuevo 　新しい
viejo 　古い
céntrico 　中心部の

largo 　長い
corto 　短い
alto 　高い
bajo 　低い

◆洋服
abrigo 　上着
camisa 　シャツ
camiseta 　Tシャツ
falda 　スカート
ropa interior 　下着
blusa 　ブラウス
pantalones 　ズボン
calcetines 　靴下
zapatos 　靴
zapatillas 　サンダル
jersey 　ジャージ
corbata 　ネクタイ
bañador 　水着
vestido 　スーツ
traje 　礼服
chaqueta 　ジャケット

◆動詞
correr 　走る
girar 　曲がる
seguir recto 　まっすぐ行く
ir a pie 　歩いて行く
ir en coche 　車で行く
ir en metro 　地下鉄で行く
ir en autobús 　バスで行く
ir de vacaciones 　休暇に行く
venir 　来る
viajar 　旅行する
llegar 　到着する
volver 　戻る

143

cruzar　横切る、渡る
andar　歩く
entrar　入る
salir　出る
subir　上る、乗る
bajar　下る、降りる
pasear　散歩する
reservar　予約する
hacer deporte　スポーツをする
jugar　プレーする
nadar　泳ぐ
ganar　勝つ
perder　負ける
bailar　踊る
cantar　歌う

◆天気の表現

hacer　（天候が）〜である
frío　寒い
calor　暑さ
viento　風が吹いている
sol　日が照っている
buen tiempo　天気が良い
mal tiempo　天気が悪い
llover　雨が降る
nevar　雪が降る

スペイン語検定の問題例

読解問題

　　El Sr. Montero es abogado. Es muy serio y trabajador. (1) Siempre trabaja hasta muy tarde y nunca cierra su (2) despacho excepto los fines de semana en los que los tribunales no están abiertos. No (3) ha cogido un catarro durante más de 2 décadas. Por eso los clientes pueden consultarle sus problemas a cualquier hora. Al Sr. Montero le gusta mucho que le vengan a hablar de temas difíciles porque solucionándolos se siente capaz de mejorar el mundo. (4) Al salir del trabajo siempre va al bar de al lado de su oficina para tomar un café. Allí habla con sus amigos del barrio aunque no se queda mucho tiempo porque regresa a su casa para cenar con su familia. Antes de ducharse siempre navega por internet para saber las últimas noticias. Se va a la cama a medianoche para levantarse a las 6 de la mañana para que los clientes visiten temprano su oficina.

1) 下線部を訳しましょう。

2) 下線部の単語と同じ意味の単語を選びましょう
　　a) sala　　　b) oficina　　c) envío　　　d) orden

3) 下線部と同じ意味になる動詞を選びましょう
　　a) tomar　　b) agarrar　　c) resfriarse　　d) recuperarse

4) 下線部を参考にして以下の文章をスペイン語にしましょう。
　　お店に入るとすぐにほしいものをみつけた。

5) 次の文章で正しいものには○、間違っているものには×をつけましょう。
　1. Sr Montero es muy vago y nunca quiere ir al trabajo.
　2. Los Montero cenan juntos.
　3. Al señor Montero le gusta solucionar problemas difíciles.
　4. Él compra periódicos para informarse de las noticias.
　5. Los clientes pueden venir a la oficina a cualquier hora.

6) 次の伝言をスペイン語で書きましょう。
　　先ほどフェルナンデスさんからお電話がありました。時計台の下で３時に待ち合わせをしたいとのことでした。

聞き取り問題

1) ¿Cómo va el trabajo?
   a) Fatal, me van a despedir.
   b) Nada, no tengo ningún plan esta tarde.
   c) Me siento mareada. Creo que estoy resfriada.
   d) Voy a trabajar para una empresa de construcción.

2) ¿Quieres que vengan ellos también?
   a) No me gusta la discoteca.
   b) Sí, pero me gustaría ligar con ese chico.
   c) Mañana viene el profesor de tango.
   d) No los conozco.

3) Me has dicho que _____
   a) estará libre este fin de semana.
   b) veníamos frecuentemente a este cine.
   c) se lo confesé.
   d) le enviarías el paquete hoy.

4) ¿No tienes nada que hacer esta tarde?
   a) Si quieres puedes venir conmigo.
   b) Tengo la impresión de que estamos perdiendo el tiempo.
   c) Sí, tengo muchos deberes de matemáticas.
   d) Estoy cansadísima. Ya no quiero estudiar más.

5) Oye, ¿me puedes pasar tu dirección de correo electrónico?
   a) Por supuesto.
   b) ¿Qué quieres que te haga?
   c) Me da igual.
   d) Me muero de risa.

読解問題　解答

1) いつも遅くまで働いている
2) b) oficina
3) c) resfriarse
4) Al entrar en la tienda encuentra síemple la que quiere inmediatamente.
5) 1. ×　2. ◯　3. ◯　4. ×　5. ×
6) **Ej:** Hace un rato le ha llamado el Sr. Fernández. Quiere quedar con usted a las 3 de la tarde debajo del reloj.

聞き取り問題　解答

1) a　　2) b　　3) d　　4) a　　5) a

respuesta 解答

読解パート

第 1 章　人間関係・描写・性格

TAREA 1

解答　1. c　2. d　3. d　4. d　5. a

1. 手紙は仕事についてです。
2. 輸入部門で働いています。
3. コロン広場で働いています。
4. 残業が玉にきずです。
5. スイカが食べたいと言っています。

TAREA 2

解答　a. 1　b. 7　c. 9　d. 3　e. 4　f. 5　g. 10

a. 同僚と飲みに行くのでバルで待ち合わせをしました。
b. 顧客と会議があるので先方の会社の web ページをチェックしました。
c. フェデリコから朝電話がかかってきたときに出られなかったので、電話をかけます。
d. 夕食のために魚と小麦粉とオリーブオイルを買います。
e. パートナーの誕生日なのでプレゼントを受け取りに行きます。
f. 歯医者の予約をしたので歯を磨きます。
g. 報告書を提出するので、売り上げ記録を書き出します。

TAREA 3

解答　1. g　2. c　3. e　4. a　5. h　6. f　7. i

1. 落第しそうな学生なので先生が必要です。
3. スペイン語と日本語を教え合います。
4. ドイツ語を勉強したい人にドイツ語の教師を紹介します。
5. 最近、運動不足なので、スポーツクラブに入るといいでしょう。
6. バルセロナとマラガでバカンスシーズンに家を貸し合います。
7. 壮年の男女が老後を一緒に暮らす人を探しています。
8. スペインに留学している学生なので、留学生の会に入ります。

respuesta 解答

TAREA 4

解答
1. A Patxi le gusta <u>la música clásica</u>, pero a Montse le gusta <u>la música pop</u>.
2. Herminia, Patricia y Montse son <u>mujeres</u>.
3. El estado civil de Jesús es <u>separado (divorciado)</u>.
4. Patricia e Imanol pueden leer el blog de <u>Eulalia.</u>
5. Imanol y Horacio llevan <u>Gafas</u>.
6. Solo <u>Jesús</u> tiene los ojos verdes.
7. Eulalia está <u>casada</u>.
8. Horacio y Herminia tienen <u>26</u> años.
9. Montse y Hermina llevan <u>pelo</u> largo.
10. La única persona que es calva se llama <u>Imanol</u>.
11. Imanol y Jesús son <u>divorciados</u>.
12. A Imanol, a Horacio y a Herminia les gusta <u>leer</u>.
13. Patricia y Horacio son tímidos y <u>simpáticos</u>.
14. Patxi es <u>mayor</u> que Patricia.
15. Patricia es <u>menor</u> que todos los demás.

1. aficiones の欄を見ましょう。
2. 女性の名前です。
3. estado civil 婚姻歴の欄を見ましょう。
4. ブログを書いているのはエウラリアだけです。
5. 二人の fisico 身体的特徴の欄を見ましょう。
6. 目が緑なのはヘススだけです。
7. エウラリアは既婚です。
8. オラシオとエルミニアは26歳です。
9. モンセとエルミニアは髪が長いです。
10. 唯一禿げているのはイマノルです。
11. イマノルとヘススは離婚しています。
12. イマノルとオラシオとエルミニアは読書が好きです。
13. パトリシアとオラシオは気が小さいですが、いい人たちです。
14. パチはパトリシアより年上です。
15. パトリシアは一番年下です。

第 2 章　食事とレストラン

TAREA 1

解答　1. a　2. c　3. c　4. b　5. d

1. 電子メールはアルバセテの生活についてです。
2. 日本人が少ないので、スペイン語を話す機会が多い。
（「落ち着いた街だから」は、自分は忙しいと言っているので、町が好きな理由にはならない）
3. 近況を知らせるために書いています。
4. タロウさんは5キロ太りました。
5. ジムに行きたいと思っています。

TAREA 2

解答　1. g　2. h　3. c　4. e　5. j　6. f　7. d

1. マリアとバルに行って何かつまみます (tomar tapas)。
2. レストランでディナーを食べるのは夜でしょう。
3. フルーツ屋に行ってバナナ、リンゴ、スイカを買います。
4. ショッピングセンターでローストチキンを受け取ります。
5. 冷蔵庫に何もないので、クラスメートとお茶をします。
6. パエリアを作るために魚介と米を買います。
7. 肉屋でステーキ肉、ヒレ肉、ハムを買います。

TAREA 3

解答　0. i　1. g　2. h　3. j　4. d　5. f　6. c

0. 彼はイタリア人で、自分の国のものを食べたがっているので、i) が正解です。
1. 何かつまみたいと言っているので、g) のバルがいいでしょう。
2. アジアのものが食べたいと言っているので、h) の日本料理店がいいでしょう。
3. 予算が8ユーロ以下なので、j) のバルローマがいいでしょう。
4. お腹が減っていて1人の予算が12ユーロなので、d) の食べ放題がいいでしょう。
5. 食事は済ませてあり、飲みに行きたいということなので、f) のアイリッシュパブがいいでしょう。
6. 何か出前を頼みたいということなので c) のデリバリーがいいでしょう。

TAREA 4

解答
1. <u>Unigrón</u> es el supermercado más caro.
2. La compra con más productos es la de <u>Simogo</u>.
3. Hay un bote de frutos secos en el tique de compra de <u>Simogo</u>.
4. El cliente de <u>Simogo</u> y de <u>Super Mogar</u> han comprado aceite de girasol.
5. <u>Vicenta Miraflor</u> trabaja en Udanca.
6. Las compras de <u>Simogo</u> y de <u>Los Monteros</u> son iguales.
7. La compra más barata es en <u>Cooperativa Udanca</u>.
8. Hay atún en el tique de <u>Unigrón</u>.

1. 一番高いスーパーは？
2. 一番多くの種類を買えるのは？
3. ドライフルーツの瓶があるのは？
4. ひまわり油を買ったのは？
5. Udanca の店員の名前は？
6. 同じ買い物をしたのはどこ？
7. 一番安いのは？
8. ツナを買ったのは？

第3章　住宅

TAREA 1

解答 1. a　2. d　3. c　4. d　5. d

1. 手紙は引っ越しの話です。
2. マンションは広くて日当たりが良いです。
3. 2つの寝室があります。
4. アリシアは以前は中心部から遠くに住んでいました。
5. 洗濯機を買いたいと思っています。

TAREA 2

解答 1. a　2. d　3. i　4. j　5. b　6. h　7. f

1. ペドロとお昼を食べます。
2. 兄弟にメールを書いて、駅に何時に着くかを知らせます。
3. 服を洗濯機に入れて洗います。
4. ほうきと雑巾を買って家を掃除します。

5. 大家に電話して家賃を払います。
6. インターネットで来年度の賃貸物件を探します。
7. 電気屋に行って電子レンジを買います。

TAREA 3

解答 0. a　1. f　2. g　3. d　4. h　5. b　6. c

0. 家具付きの安い部屋を探しています。
1. 中心部にあるオフィスを探しています。
2. 都市部の見晴らしのいい部屋を探しています。
3. 交通の便のいいマンションを買いたいです。
4. 2台分のガレージのある別荘を30万ユーロくらいで探しています。
5. 9月から家具付きの部屋を探しています。
6. 日当たりのいい部屋にシェアして住みたいです。

TAREA 4

解答
1. Todas las viviendas tienen **calefacción**.
2. La única vivienda con ascensor es un **piso** y está en **Barcelona**.
3. La vivienda con más habitaciones está en **Málaga**.
4. Para una vivienda soleada, tengo que vivir en **Barcelona**, **Sevilla** o **Málaga**.
5. Si tengo coche, tengo que comprar la vivienda de Pamplona o de **Málaga**.
6. La vivienda más pequeña está en **Sevilla**.
7. Se puede comprar un piso con piscina en **Málaga**.
8. Las viviendas de Sevilla y San Sebastián son las únicas que tienen solo **un baño**.

1. すべての部屋に暖房がついています。
2. エレベーターがついているのはバルセロナのマンションだけです。
3. 部屋が一番多い物件はマラガにあります。
4. 日当たりがいい物件は、バルセロナ、セビージャ、そしてマラガです。
5. 車を持っている場合、パンプローナかマラガの物件にする必要があります。
6. 一番狭い物件はセビージャにあります。
7. プール付きの物件はマラガで買えます。
8. お風呂が一つなのはセビージャとサンセバスティアンの物件です。

第4章　教育と職業

TAREA 1

解答　1. c　2. c　3. b　4. c　5. b

1. 手紙は仕事と授業の話です。
2. 事務所で仕事をします。
3. 週末に仕事をします。
4. 仕事で書類の準備を色々します。
5. 図書館で勉強します。

TAREA 2

解答　0.　1. b　2. e　3.　4. a　5. j　6. c

a. 英語の試験なので勉強します。
b. 昨日授業に行かなかったのでラウルにメモを借ります。
c. 面接があるので履歴書を書きます。
d. なし
e. 数学の授業の時間が変わります。
f. なし
g. なし
h. 職探しをするので掲示板を見に行きます。
j. 職探しのために大学に手紙を出します。

TAREA 3

解答　0. d　1. g　2. c　3. j　4. e　5. a　6. i

0. ウェブデザインをしたいのでデザイナーとインターンを探しているところがいいでしょう。
1. 時間が自由になるので外食チェーンがいいでしょう。
2. 翻訳者なので翻訳事務所がいいでしょう。
3. 会社の売り上げを上げるために広告の講座をとりましょう。
4. 経験豊富な人を募集しているところに行きましょう。
5. ホテル業で仕事の経験を積みたいので、インターンを受け入れているホテルがいいでしょう。
6. ベビーシッターを探しているところがいいでしょう。

TAREA 4

解答　1. El curso más caro es el de **marketing**.

2. El instituto de idiomas ESPERANTO da un curso de **traducción**.
3. Los cursos que necesitan experiencia son el de diseño web y el de **marketing**.
4. El horario del curso de programación es **de 10 a 14**.
5. El curso que más dura es el de **programación**.
6. Hace falta **inglés nivel alto** para hacer el curso de traducción.
7. El curso de traducción dura tanto como el de **diseño web**.
8. El curso de escultura tiene lugar en el **centro cívico municipal**.

1. 一番高いのはマーケティングのコースです。
2. ESPERANTO 語学学校は翻訳のコースを開講しています。
3. 経験が必要なのはウェブデザインとマーケティングのコースです。
4. プログラミングコースの時間割は 10 時から 14 時までです。
5. 一番きついコースは英語上級のコースです。
6. 翻訳のコースに入るには英語上級の知識が必要です。
7. 翻訳のコースはウェブデザインと同じくらいの長さです。
8. 彫刻のコースは市民センターで行われます。

第 5 章　旅行と余暇

TAREA 1

解答　1. b　2. c　3. d　4. c　5. c

1. マリエラの手紙はコルドバ旅行の話です。
2. コルドバへは電車で行きました。
3. 暑いのでマリエラは半袖シャツとスカートを着ています。
4. 学校の校庭でサッカーをしました。
5. 火曜日にお芝居を見ました。

TAREA 2

解答　0. a　1. c　2. i　3. g　4. j　5. b　6. e

0. 両親がマジョルカに到着するので空港へ迎えに行きます。
1. 金曜日のコンサートの入場券を買います。
2. 友達と 18 時からサッカーをして運動します。
3. 銀行に行って両替をします。
4. ルシアに電話して旅行の計画を練ります。

5. 夏のバカンスのためにパリのホテルを予約します。
6. 土産もの屋に行って両親へのお土産を買います。

TAREA 3

解答 0. b 1. c 2. j 3. g 4. a 5. e 6. h

0. いろいろな国のおつまみが食べたいです。
1. 映画を見たいので映画館がいいでしょう。
2. アジア料理が食べたいのでベトナム料理店がいいでしょう。
3. 子供と一緒に過ごすために動物園へ行きます。
4. 彼女をいい雰囲気のレストランに連れて行きます。
5. 暇な時間にスポーツがしたいのでスポーツセンターへ行きます。
6. 現代的なものを扱う博物館が好きなので、科学博物館へ行きます。

TAREA 4

解答
1. Se puede pagar con yenes en **Strodivurias**.
2. La única tienda abierta todo el día es **Rodeo**.
3. La tienda con mayor descuento es **Chesterpot**.
4. Aparte de Rodeo, el establecimiento que está abierto hasta más tarde es **Zero**.
5. Se pueden comprar vestidos en **Domingo**.
6. Podemos comprar los domingo en **Zero** y en **Rodeo**.
7. **Domingo** y **Strodivurias** abren los sábados hasta el mediodía..
8. Chesterpot abre por las tardes de **16:30 a 20:00** de lunes a sábado.

1. 円で支払いができるのは？
2. 24時間営業なのは？
3. 一番割引をしているのは？
4. ロデオの次に開店時間が長いのは？
5. 服を買えるのは？
6. 日曜日に買い物ができるのは？
7. 土曜日に昼の12時まで営業しているのは？
8. Chesterpotの夕方の営業時間は？

聴解パート

第 1 章　人間関係・描写・性格

TAREA 1

解説

0. ペット (mascota) がいるかどうかの話をしています。perros と言っているので、c の犬が正解です。
　　A: ¿Tienes una mascota, ¿no?
　　B: Sí, tengo dos perros en casa.
　　P: ¿Cuál es su mascota?

1. 職業や生業は何かの話をしています。dedicarse a (～に従事する) を覚えましょう。dentista と言っているので、c の歯科医が正解です。
　　A: ¿A qué te dedicas?
　　B: Soy dentista.
　　P: ¿A qué se dedica?

2. ¿Qué ha comprado? と、何を買ったのかを聞かれています。tarta と言っているので、b のケーキが正解です。
　　A: ¿Hoy es el cumpleaños de su hijo?
　　B: Sí, por eso he comprado una tarta.
　　P: ¿Qué ha comprado?

3. どんな兄弟姉妹がいるのかの話です。hermana, alta と言っているので、a の背の高い女性が正解です。
　　A: ¿Tienes hermanos?
　　B: Sí, tengo una hermana. Es muy alta.
　　P: ¿Cómo es su hermana?

4. ホセがどこに住んでいるのかの話です。afueras de la ciudad と言っているので、c の郊外のマンションが正解です。
　　A: ¿José no puede venir? ¿Dónde vive José?
　　B: En un piso en las afueras de la ciudad.
　　P: ¿Dónde vive José?

respuesta 解答

5. 何時なのかの話です。seis y media と言っているので、d の 6 時半が正解です。

A: ¿Tiene hora?
B: Sí, son las seis y media.
P: ¿Qué hora es?

解答 0. c   1. c   2. b   3. a   4. c   5. d

TAREA 2

解答 0. c   1. b   2. a   3. d   4. g   5. i

解説
0. Tengo mucho sueño.　　　　　　　眠いです。
1. ¡Feliz Navidad!　　　　　　　　　メリークリスマス！
2. ¡Atención, por favor!　　　　　　　聞いてください！
3. No toquen las muestras, por favor.　サンプルには触らないでください。
4. ¡Escríbeme pronto!　　　　　　　　手紙を書いてね！
5. ¿Tienes suelto?　　　　　　　　　小銭、持ってる？

TAREA 3

解答 1. B   2. A   3. E   4. L   5. H   6. F   7. J   8. G   9. D

解説 Hola, soy Carlos. Voy a hablar un poco sobre mi familia. Mis padres son muy buenos conmigo. Mi padre es médico y mi madre es ama de casa. Tengo 2 hermanos. Mi hermano mayor tiene dos hijos y mi hermana estudia fuera de la ciudad. A veces nos visitan nuestros tíos. Mi tío Imanol es recepcionista de un hotel y canta flamenco. A mi tía Nuria le gusta bailar. Ellos tienen dos hijos. Mi abuela murió hace ya 3 años. Mi abuelo se levanta muy temprano todos los días. Mi primo Roberto vive con su pareja pero no está casado aún.

1. 祖父は朝早く起きます。
2. 母親は主婦です。
3. 父親は病院で働いています。
4. 兄弟には 2 人の子供がいます。
5. 祖母は亡くなっています。
6. 地元を離れて働いています。
7. 叔父はホテルの受付をしています。

8. 叔母はダンスが好きです。
9. いとこは彼女と同居しています。

TAREA 4

解答
1. Álvaro vive en **Málaga**.　昨日マラガに着いた。
2. Tiene **14 años y 5 meses**.　14歳5か月です。
3. Su padre es **ingeniero**.　私の父は技術者です。
4. Maite trabaja en **una empresa de importación**.
私の母は輸入会社で働いています。
5. Tiene **tres** hermanos mayores.
（私の兄は25歳、姉は20歳と18歳）兄と姉は年上です。
6. Luciano está **divorciado**.　（2人の子供のいる）ルシアは離婚。
7. Lorenzo y Consuelo son sus **sobrinos**.　ロレンソとコンスエロはいとこです。
8. Matías es el **novio de Consuelo**.
コンスエロにはマティアスという名前の恋人がいます。

解説 ¡Hola a todos! Me llamo Álvaro. Soy nuevo. Llegué ayer a Málaga. Desde hoy, estudio en este colegio. Tengo 14 años y 5 meses. Mi padre es ingeniero, y mi madre se llama Maite y trabaja en una empresa de importación. Mis hermanos son mayores. Tengo un hermano de 25 años y dos hermanas de 20 y 18 años. Se llaman Luciano, Nadia y Maya. Luciano tiene dos hijos, pero está divorciado. Mis sobrinos se llaman Lorenzo y Consuelo. Mis hermanas son muy jóvenes y están solteras. Consuelo tiene novio. Se llama Matías.

第2章　食事とレストラン

TAREA 1

解説

0. 朝食に何を食べるかの話です。un vaso de leche y cereales と言っているので、**a** です。

　　A: ¿Desayunas todos los días? ¡Eso es bueno!
　　B: Bueno, siempre tomo un vaso de leche y cereales.
　　P: ¿Qué desayuna?

1. 何を注文するのかの話です。una tostada y un café con leche と言っているので、**d** です。

respuesta 解答

　　A: ¡Hola! ¿qué desea?
　　B: Una tostada y un café con leche, por favor.
　　P: ¿Qué quiere tomar?

2. デザートには何を頼むのかの話です。un flan と言っているので、**a** です。
　　A: Muy bien. ¿Y de postre?
　　B: De postre, un flan.
　　P: ¿Qué quiere de postre?

3. 料理ができるかの話をしています。el cocido と言っているので、**b** です。
　　A: ¿Sabes cocinar?
　　B: Sí, algunas cosas. Por ejemplo…, el cocido.
　　P: ¿Qué puede hacer?

4. 誰と食事をするかの話です。con mi esposa y mi hijo と言っているので、**d** です。
　　A: ¿Tú comes normalmente en casa?
　　B: Sí, con mi familia. Bueno, con mi esposa y mi hijo.
　　P: ¿Con quién come?

5. 何時に夕食をとるかの話です。las siete de la noche と言っているので、**c** です。
　　A: ¿A qué hora cenáis normalmente?
　　B: Cenamos a las siete de la noche.
　　P: ¿A qué hora cenan?

解答　0. a　1. d　2. a　3. b　4. d　5. c

TAREA 2

解答　0. h　1. g　2. b　3. f　4. e　5. a

解説
0. Oiga, ¿dónde está el servicio?　　　　　トイレはどこですか？
1. Un café con leche, por favor.　　　　　　ミルクコーヒーお願いします。
2. Pásame la sal, por favor.　　　　　　　　塩を取ってください
3. La cuenta, por favor.　　　　　　　　　　お会計をお願いします。
4. De primero una ensalada y de segundo un filete.
　　前菜はサラダでメインはステーキをお願いします。
5. ¿Me pone otra cerveza, por favor?　　　　ビールのお代わりをください。

TAREA 3

解答 1. D   2. F   3. J   4. G   5. K   6. I   7. H   8. A   9. E

解説 María(M) y Tomás(T)

T: ¿Qué cenamos hoy, María?
M: No sé, hoy no tengo ganas de cocinar.
T: ¿No? ¡Vaya! En la nevera hay mucha comida.
M: Lo siento, pero estoy cansada. ¿A dónde vamos?
T: Pues..., podemos comer en el restaurante chino de la plaza.
M: No, ya fuimos allí ayer. Mejor el tailandés que está aquí enfrente.
T: Pero a mí no me gusta la comida picante...
M: Entonces, vamos a cenar pizza en casa. Están muy baratas hoy miércoles, ¿no?
T: Sí, normalmente sí, pero hoy está cerrado. Es festivo.
M: Entonces, vamos a cenar bocadillos de jamón y queso.

1. トマスは辛い物が苦手です。
2. マリアは今日は料理をしたくありません。
3. ピザ屋はお休みです。
4. タイ料理屋が家の向かいにあります。
5. ピザは水曜日に割引をやっています。
6. 冷蔵庫には食品がたくさんあります。
7. マリアとトマスは仕方ないので家で食事をします。
8. 中華料理屋は広場にあります。
9. マリアとトマスはボカディージョで夕食を済ませます。

TAREA 4

解説 La comida Emilio (E) Beatriz (B)

E: Beatriz, ¿sabes? Últimamente estoy comiendo demasiado.
B: Igual que yo. Cuando estoy muy ocupada, como muchísimo.
E: Por la mañana desayuno cuatro tostadas, un café y un bollo.
B: Sí, y luego, como siempre en España, tomas café con bollos a las 11:00.
E: Sí. Justo. En la universidad, siempre tomamos café a esa hora.
B: ¿Y a mediodía?
E: Eso es lo peor. A mediodía trabajo en un restaurante chino. Después de trabajar, puedo comer cualquier cosa del menú.

>   Y siempre como demasiado.
> B: Vaya, vaya… Intenta comer menos.
> E: Imposible. Por la tarde tengo que estudiar muchísimo. ¡Pero quiero adelgazar!
> B: Entonces, para perder peso, lo mejor es cenar muy poco y temprano.

解答
1. Emilio come **demasiado**.　最近食べ過ぎている。
2. Beatriz está **muy ocupada**.　ベアトリスは忙しい。
3. Por la mañana, Emilio **desayuna** mucho.
   朝食にトースト4枚と菓子パンを食べる。
4. En España toman café a las **11:00**.　スペインには11時に間食をとる習慣がある。
5. Emilio trabaja en un **restaurante chino**.　エミリオは中華料理屋で働いている。
6. Come demasiado **después de trabajar**.
   仕事が終わるとまかないをたくさん食べる。
7. Para Emilio es imposible comer menos a mediodía porque **tiene que estudiar muchísimo**.　たくさん勉強するので、食べ過ぎる。
8. Para adelgazar, Emilio debe cenar **muy poco y temprano**.
   夕食の量を減らすべき。

第3章　住宅

TAREA 1

解説

0. マンションの設備の話です。aire acondicionado と言っているので、d です。
  A: ¿Este piso no tiene calefacción?
  B: No, pero sí tiene aire acondicionado.
  P: ¿Qué tiene el piso?

1. Juan がどこへ行くのかの話です。Voy al aeropuerto と言っているので、c です。
  A: Hola Juan. ¿A dónde vas tan de prisa?
  B: Voy al aeropuerto a recoger a mi hermano.
  P: ¿A dónde va Juan?

2. ダリオが誰と住んでいるのかの話です。con mis padres と言っているので、a です。
  A: ¿Tú dónde vives, Darío?
  B: Yo vivo en casa, con mis padres.
  P: ¿Con quién vive Darío?

3. 家に何がついているのかの話です。tiene garaje と言っているので、**d** です。
　　A: ¡Qué bien! ¡Tu casa es enorme!
　　B: Sí, tiene garaje también.
　　P: ¿Qué tiene la casa?

4. 家がどこに面しているかの話です。 da al campo de deportes de un colegio と言っているので、**a** です。
　　A: ¿Hay mucho ruido en tu casa? ¿Por qué?
　　B: Porque da al campo de deportes de un colegio.
　　P: ¿A dónde da la casa?

5. 何時に門が閉じるかの話です。se cierra a las 6 と言っているので、**a** です。
　　A: ¿Ya no podemos entrar a la escuela?
　　B: No, porque la puerta se cierra a las 6.
　　P: ¿A qué hora se cierra la puerta?

解答　0. d　1. c　2. a　3. d　4. a　5. a

TAREA 2

解答　0. f　1. b　2. d　3. i　4. e　5. g

解説　0. ¿Puedes cerrar la ventana, por favor?　　窓を閉めてくれますか？
　　1. Aquí no se puede entrar.　　ここは入ることができません。
　　2. ¿Se puede?　　入ってもいいですか？
　　3. No tirar basura.　　ごみを捨てるな。
　　4. Esta casa está en venta.　　売家。
　　5. La salida de emergencia está allí.　　非常口はあちらにあります。

TAREA 3

解答　1. C　2. K　3. H　4. B　5. A　6. L　7. I　8. J　9. D

解説　Soy Isabel, vivo en un piso compartido con Julia, mi prima. El piso no es muy grande pero estamos contentas. Tiene dos habitaciones y un salón. El salón tiene muchos muebles. También hay una terraza. Desde ella se puede ver la Sagrada Familia. En el piso de al lado viven Montse y Rodrigo. Rodrigo es inteligente y muy simpático. En la planta de arriba vive Fernanda con su novio. Ella trabaja de camarera en un bar.

respuesta 解答

1. イサベルは同居しています。
2. マンションはあまり大きくありません。
3. フェルナンダは上の階に住んでいます。
4. ロドリゴは聡明で感じがいい人です。
5. 居間にはたくさんの家具があります。
6. モンセとロドリゴは隣に住んでいます。
7. フリアはイサベルの従姉妹です。
8. フェルナンダはウェイトレスをしています。
9. サグラダ・ファミリアはテラスから見えます。

TAREA 4

解答
1. Leonardo **vive** con sus padres.　レオナルドは両親と住んでいます。
2. Vanesa quiere **comprar un piso**.　バネサはマンションを買いたいと思っています。
3. Ella quiere mudarse a la calle **Árbol Rojo**.
   彼女はアルボル・ロホ通りに引っ越したいと思っています。
4. En la calle donde vive Vanesa **hay mucho ruido**.
   バネサが住んでいる通りは騒音がひどいです。
5. Hay un bar en **la planta baja**.　マンションの1階にはバルがあります。
6. El edificio donde vive Vanesa no tiene **ascensor**.
   バネサのマンションにはエレベーターがありません。
7. Leonardo necesita un **garaje**.　レオナルドはガレージが必要です。
8. No encuentra ningún garaje en **alquiler**.
   貸し出し中のガレージは見つかりません。

解説 **La familia. Leonardo** (L) **y Vanesa** (V)

V: ¿Dónde vives?
L: En la calle Militares, vivo con mis padres.
V: ¿Ah, sí? Yo quiero comprar un piso cerca de allí. Quiero mudarme a la calle Árbol Rojo, pero los pisos allí son demasiado caros.
L: ¿Aún vives en la calle Carlos V?
V: Sí, sí, pero hay mucho ruido. Quiero mudarme ya.
L: ¿Por qué hay tanto ruido?
V: Pues porque hay un bar en la planta baja.
L: Ya veo.
V: Además, en mi edificio no hay ascensor.
L: El mío no tiene garaje y lo necesito porque acabo de comprar un coche.

V: ¿Quieres comprar o alquilar un garaje?
L: Quiero alquilarlo. Pero no encuentro ninguno en alquiler.
V: Mala suerte...

第4章　教育と職業

TAREA 1

解説

0. どこで仕事をしているかの話です。Trabaja en una gasolinera と言っているので、c が正解です。
084
A: ¿Vive con su hijo?
B: No, ella vive sola. Trabaja en una gasolinera en Barcelona.
P: ¿Dónde trabaja?

1. 何の科目が好きなのかの話です。Me gusta la química. と言っているので、a が正解です。
085
A: Eres estudiante, ¿no? ¿Cuál es tu clase favorita?
B: Me gusta la química.
P: ¿Cuál es su asignatura preferida?

2. どこで仕事をしているかの話です。papelería と言っているので、d の文房具店が正解です。
086
A: ¿Has conseguido un trabajo? ¡Qué bien!
B: Gracias, ahora trabajo en una papelería.
P: ¿Dónde trabaja ella?

3. 最近なぜ忙しいかの話です。muchas reuniones と言っているので、c が正解です。
087
A: Oye, ¿qué te pasa? Te veo mal, ¿eh?
B: Últimamente estoy ocupadísima. Tengo muchas reuniones.
P: ¿Qué tiene?

4. 何を書いたかの話です。carta と言っているので、d が正解です。
088
A: ¿Has escrito ya la carta?
B: Sí, ya la tengo escrita.
P: ¿Qué ha escrito?

5. 何時に試験が始まるかの話です。11 menos cuarto と言っているので、c が正解です。

    A: Mañana tienes examen de matemáticas, ¿verdad?
    B: Sí, empieza a las 11 menos cuarto de la mañana.
    P: ¿A qué hora empieza el examen?

解答 0. c   1. a   2. d   3. c   4. d   5. c

TAREA 2

解答 0. i   1. c   2. f   3. b   4. e   5. a

0. Un momento, por favor.　待ってくれ。
1. Entrégame este documento para mañana.
   明日までにこの書類を提出してください。
2. ¡No corráis por el pasillo!　廊下を走ってはいけません！
3. Lo siento. Nuestro horario de atención es de las 10:00 a las 16:00, de lunes a viernes.
   申し訳ありませんが、私どもの営業時間は月曜日から金曜日の 10 時から 16 時までです。
4. Oiga, me gustaría hablar con el señor González.
   すみません、ゴンサレスさんとお話ししたいのですが。
5. Hacemos grandes rebajas en verano.
   夏にグランドセールを行います。

TAREA 3

解答 1. B   2. F   3. I   4. C   5. J   6. G   7. A   8. E   9. H

1. モンセラットはバルセロナの出身です。
2. エレオノラは 25 歳になっていません。
3. パブロは人事担当です。
4. フラビアはイタリア出身です。
5. ルベンは新人の IT 担当者です。
6. ブラッドはフランスで働いています。
7. エレオノラはマーケティング部で働いています。
8. ベルナルドは休暇中です。
9. アントニオ・フローレスは新しい上司です。

🎧 091 **解説** R: Raúl　D: Daniela

D: Hay muchos empleados nuevos. El nuevo informático se llama Rubén.
R: Sí, y también hay una chica muy guapa en el departamento de marketing. ¿Sabés cómo se llama?
D: Sí, sí, es... es... ¡Eleonora! Es muy joven. No tiene más de 25 años.
R: Hay un jefe nuevo. Se llama Antonio Flores. Dicen que es muy estricto.
D: Tiene dos ayudantes, uno se llama Pablo. Él contrata a los nuevos empleados. Su otro ayudante es una chica de Barcelona, se llama Montserrat.
R: También hay varios extranjeros en el piso de arriba. Un chico y una chica. Él se llama Brad, trabajaba en Francia.
D: La chica es amiga mía. Es italiana, se llama Flavia.
R: Oye, ¿dónde está Bernardo? ¿Está enfermo?
D: No, está de vacaciones.

TAREA 4

解答
1. Marta estudia **historia**.　　マルタは歴史を学んでいます。
2. Hay una chica **simpática** en la clase de matemáticas.
数学のクラスには感じのいい女の子がいます。
3. A Julio le gustan **las matemáticas**.　フリオは数学が好きです。
4. Marta aprobó **el examen** de literatura.　マルタは文学の試験に合格しました。
5. El profesor de literatura es **estricto**.　文学の先生は厳しいです。
6. El club de fútbol de Julio es **malo**.　フリオのサッカークラブは弱いです。
7. La casa de Julio está **al lado de la escuela**.
フリオの家は学校の隣にあります。
8. Marta quiere **vivir** cerca de la escuela también.
マルタも学校の近くに住みたいです。

🎧 092 **En clase　Marta (M) y Julio (J)**

M: Hola, ¿cómo estás?
J: Ah, hola, Marta, ¿hoy tienes clase de historia?
M: Sí, es la clase que más me gusta.
J: Yo voy a la de matemáticas. Hay una chica muy simpática en la clase.
M: Por cierto, aprobé el examen de literatura.

J: ¡Por fin! Enhorabuena.
M: Gracias. Es que el profesor es muy estricto...
J: Yo, esta tarde voy a jugar un partido de fútbol.
M: ¡Nunca ganáis!
J: ¿No? A veces sí... No somos tan malos.
M: ¿Aún vives en aquel piso?
J: Sí, porque está muy cerca de la escuela.
M: ¡Qué envidia! Me gustaría vivir cerca de la escuela.

第5章 旅行と余暇

TAREA 1

解説

0. 何をアリカンテに持っているかの話です。少しわかりにくいですが、アパートを借りたいという話から始まり、それを持っていると返事をしているので、d が正解です。

A: Queremos alquilar un apartamento en la playa este verano.
B: ¿Ah, sí? Yo tengo uno en Alicante. Podéis usarlo, si queréis.
P: ¿Qué tiene en Alicante?

1. クリスマスに誰に会うかの話です。mis abuelos と言っているので、a が正解です。

A: ¿Qué haces en las Navidades?
B: Voy a ver a mis abuelos.
P: ¿A quién va a ver?

2. 何に乗って旅行するかの話です。el autobús と言っているので、b が正解です。

A: ¿Viajas en tren?
B: No. Prefiero tomar el autobús porque está menos lleno.
P: ¿En qué viaja?

3. どこにいるのかの話です。entradas（入場券）と言っているので、b が正解です。飛行機や鉄道のチケットは billete と言います。

A: Hola, buenas tardes. Entradas para dos adultos y 2 niños, por favor.
B: Sí, aquí tiene. Gracias.
P: ¿Dónde están?

4. モンセが何をするかの話です。jugar al ajedrez と言っているので、c が正解です。

A: ¿Hoy viene Montse?
B: No. Me dijo que iba a jugar al ajedrez en casa.
P: ¿A qué juega Montse?

5. 何時に飛行機が出るかの話です。las ocho y cuarto と言っているので、c が正解です。

A: ¿Hay vuelos a Madrid? Tengo mucha prisa.
B: Sí, el próximo sale a las 8:15.
P: ¿A qué hora sale el avión?

解答 0. d   1. a   2. b   3. b   4. c   5. c

TAREA 2

解答 0. g   1. e   2. b   3. f   4. a   5. i

解説
0. Al aeropuerto, por favor. 　　　空港までお願いします。
1. ¿Tiene alguna habitación libre? 　空室はありますか？
2. Su carnet de conducir, por favor. 　免許証の提示をお願いします。
3. Señores pasajeros, el vuelo 210 va a llegar al destino dentro de 15 minutos.
   乗客のみなさま、当210便はあと15分で目的地に到着いたします。
4. ¿Aún quedan plazas libres? 　　席は空いていますか？
5. Perdón, ¿para ir a la estación de tren?
   すみません。鉄道の駅はどうやって行ったらいいのでしょうか？

TAREA 3

解答 1. L   2. K   3. G   4. F   5. C   6. I   7. H   8. E   9. D

解説
1. 遠いのでフェルナンドはサラマンカには行きたくありません。
2. セバスティアンはルイサの友達です。
3. 火曜日にルイサは授業がありません。
4. ミゲルはトレドに住んでいます。
5. フェルナンドは水曜日に英語の授業を取っています。
6. 電車代は23ユーロです。
7. 木曜日にルイサは友達と勉強しています。
8. ルイサはお金をほとんど持っていません。
9. フェルナンドとルイサは旅行に行きたいです。

respuesta 解答

🎧 100

L: Luisa F: Fernando

L: Fernando, ¿vamos a Salamanca la próxima semana?
F: No, está muy lejos, Luisa, ¿por qué no vamos de excursión a Toledo?
L: Vale, voy a ver mi agenda. El miércoles, puedo ir.
F: Vaya, yo no puedo porque tengo clase de inglés. ¿Qué tal el jueves?
L: Ese día no puedo yo. Todos los jueves estudio con mi amigo Sebastián en la biblioteca.
F: Entonces, ¿qué tal el martes?
L: ¡Vale! No tengo clases. ¡Decidido!
F: Quiero ir en tren.
L: El billete cuesta 23 euros, ¿no?
F: No, creo que cuesta 24. En Toledo, podemos ir a casa de Miguel.
L: Si, hace mucho que no lo vemos. Pero... Fernando... Tengo poco dinero... Mejor vamos en autobús. Solo cuesta 3 euros...

TAREA 4

解答
1. <u>La agencia de viajes</u> está lejos de la casa de Miguel.
   旅行代理店はミゲルの家から遠いです。

2. Hay muchos viajes organizados **de oferta**.
   ツアー旅行が割引になっています。

3. El avión no es **muy caro** últimamente.
   飛行機は最近それほど高くありません。

4. Hay muchos destinos que **salen de** Madrid.
   マドリッドからはいろいろな場所へ行くことができます。

5. Miguel piensa que los trenes **tardan** mucho.
   ミゲルは電車は時間がかかると思っています。

6. Miguel quiere **visitar a** sus familiares que viven en Francia.
   ミゲルはフランスに住む親せきに会いに行きたいと思っています。

7. Los tíos de Miguel **tienen** una granja.
   ミゲルのおじさんは農場を持っています。

8. Amaia quiere ir de viaje con **Miguel**.
   アマイアはミゲルと旅行に行きたいです。

El viaje de Miguel (M) **y Amaia** (A)

A: ¿Has comprado ya el billete?
M: Sí, pero tuve que ir a una agencia de viajes que está muy lejos.
A: ¡Qué rollo!
M: Pero había muchos viajes organizados de oferta.
A: Los vuelos ya no son muy caros, ¿verdad?
M: ¡No! Además, he ahorrado mucho.
A: ¿No vas en tren? Desde Madrid puedes ir a muchas ciudades. Y es muy cómodo.
M: Prefiero volar porque el tren tarda mucho.
A: No tanto, pero bueno...
M: Además, esta vez voy a Francia a ver a mis tíos y primos.
A: ¿Dónde viven?
M: En Burdeos, tienen una granja.
A: ¡Fantástico! ¡Me voy contigo!

respuesta 解答

作文表現

TAREA 1

解答

Formulario de inscripción para un móvil:
Nombre y apellido: Reinaldo Mendieta
Sexo: Masculino   Edad: 34
Nacionalidad: Española   Fecha de nacimiento: 24 / Noviembre / 1976
Domicilio: c/Sierra nevada 77, Granada
Estado civil: casado
Tipo: ☐ prepago   ☑ pospago
Acceso a internet: ☑ Sí   ☐ No
¿Cómo nos conoció?   Yo vivo muy cerca de aquí y cada mañana paso por esta calle.

解説

携帯電話申込書
氏名：レイナルド・メンディエタ
性別：男性   年齢：34
国籍：スペイン
生年月日：1976年11月24日
住所：シエラ・ネバダ通り77　グラナダ市
結婚歴：既婚
契約タイプ：☐プリペイド　☑後払い
ネット接続：☑あり　　　☐なし
どのように当社をお知りになりましたか？
　→近くに住んでいて、毎朝この通りを通るので。

国籍は、nacionalidad という女性名詞なので、国籍を表す形容詞の女性形を書きます。
住所は dirección です。居住地は domicilio です。
結婚歴はスペイン語では estado civil（市民状態）と表現します。
性別は、基本的に Masculino と Femenino ですが、国によっては Hombre と Mujer を使います。
プリペイドと引き落としの単語に使われている、pre（前）、pos（後）という接頭辞もこの機会に覚えておきましょう。

TAREA 2

Querida María. ¡Feliz cumpleaños! ¡Te deseo la mejor de las suertes! Tenemos que quedar para ir a tomar algo. Hasta pronto.

解説 Te deseo la mejor de las suertes.（あなたに最良の幸運を！）
という表現は便利なので覚えましょう。

TAREA 1

解答

Nombre: <u>Gloria</u>　　Apellido(s): <u>Gutierrez</u>
Sexo: <u>Femenino</u>　　Edad: <u>25</u>
Domicilio: <u>c/Goya 56 3º izquierda, Madrid</u>
Lugar de nacimiento: <u>Valencia</u>
Fecha de nacimiento: <u>22 / Octubre / 1985</u>
Nacionalidad: <u>Española</u>
Teléfono: <u>656 58 45 34</u>　　Teléfono móvil: <u>987 34 84 19</u>
Correo electrónico: <u>gloriagutierrez@yujuu.es</u>
Tipo(s)　　　☑ cocina　　☐ ceremonia de te　　☐ baile　　☐ coro
Duración　　☐ 1semana　☐ 2semanas　☑ un mes　☐ 3meses　☐ más
Forma de pago　☐ metálico　☑ tarjeta de crédito　☐ transferencia bancaria
¿Cómo encontró nuestra página web?
<u>Encontré la página haciendo búsquedas en buscadores.</u>
¿Por qué nos eligió?　<u>No había otra escuela que tenía clases de cocina.</u>

> **解説**
>
> 名：グロリア　　姓：グティエレス
> 性別：女性　　年齢：25 歳
> 住所：ゴヤ通り 56 番地 3 階左
> 本籍：バレンシア
> 生年月日：1985 年 10 月 22 日
> 国籍：スペイン
> 電話番号：656 58 45 34　　携帯電話：978 34 84 19
> メールアドレス：gloriagutierrez@yujuu.es
> タイプ：☒料理　□茶道　□踊り　□コーラス
> 期間　：□1 週間　□2 週間　☒1 か月　□3 か月　□それ以上
> 支払い方法：□現金　☒クレジットカード　□振り込み
> どのように当校の Web サイトをお知りになりましたか。
> 　→検索していて見つけた。
> なぜ当校をご利用になろうと思いましたか。
> 　→ほかに料理のコースがある学校がなかったから。

forma de pago の用語を覚えておくと便利です。metálico（現金）、tarjeta de crédito（クレジットカード）、transferencia bancaria（銀行振り込み）は非常によく使われる表現です。

TAREA 2

Estìmado señor : Me llamo José María Álvarez. Quisiera reservar una cena para 2 personas para el viernes que viene. Atentamente.

> **解説** estìmado señor（ご担当者さま）は、決まり文句として、あらゆる場面で使える表現です。

TAREA 1

解答

Formulario de inscripción para una residencia
Nombre y apellido: <u>Servando Illera</u>
Sexo: <u>Masculino</u>　　Edad: <u>18</u>　　Nacionalidad: <u>Mexicana</u>
Lugar de nacimiento: <u>Monterrey</u>
Fecha de nacimiento: <u>2/Febrero/1994</u>
Domicilio: <u>c/Obreros 56 4º izquierda, Monterrey</u>
Estado civil: <u>soltero</u>　　Plazo: <u>1 año</u>
Tipo:　　　　　☐ individual　☑ doble　　☐ triple
Forma de pago:　☐ metálico　　☐ tarjeta de crédito
　　　　　　　　☐ transferencia bancaria　☑ domiciliación bancaria
Número de cuenta bancaria: <u>976766546</u>

解説

```
氏名:セルバンド・イジェラ
性別:男性
年齢:18歳　　　　　国籍:メキシコ
出生地:モンテレイ　　生年月日:1994年2月2日
住所:モンテレイ市オブレロス通り56番地4階左
結婚歴:未婚
期間:1年間
タイプ:　　　□シングル　☒2人部屋　□3人部屋
支払い方法:□現金　　　□クレジットカード
　　　　　　□銀行振り込み　☒銀行引き落とし
口座番号:976766546
```

部屋のタイプの表現を確認しましょう。sencillo（シングル）、doble（2人部屋）、triple（3人部屋）などはよく見かけます。

domiciliación bancaria（銀行引き落とし）が、支払方法として出てきていますので覚えておきましょう。

respuesta 解答

TAREA 2

Hola Fernando. Me mudé a Madrid. Aquí todo está lejos. Cojo el metro para ir a la oficina. El metro está abarrotado. Ven a mi casa un fin de semana. Un saludo.

解説 coger という単語はラテンアメリカでは禁句の部類に入るので、tomar を使いましょう。スペイン人向けの文章であれば coger で問題ありません。

TAREA 1

解答

Formulario para la solicitud de visado
Nombre y apellido: Haruka Endo
Sexo: Femenina   Edad: 20   Nacionalidad: Japonesa
Documentación: pasaporte
Estado civil: soltera
Tipo de visado: estudiante
Fecha de entrada: 1/Septiembre/2016
Duración deseada: 1 año
Ocupación: estudiante universitaria
Objetivo: ☐ trabajo   ☑ estudio e investigación   ☐ turismo

解説

ビザ申請
氏名：遠藤遙
性別：女性　　年齢：20歳　　国籍：日本
身分証明書種類：パスポート
結婚歴：独身
ビザの種類：学生
入国日：2016年9月1日
期間：1年間
職業：大学生
入国目的：☐仕事　☒学術研究　☐観光

visado（ビザ）の話です。学生ビザや労働ビザはよくありますが、観光ビザはない国が多いです。留学を考えている人は学術関係の単語を整理しておきましょう。plazo（期間）もいろいろな書類で見かけますので覚えましょう。

TAREA 2

Querida Carmen. ¿Qué tal? Oye, ¡me han promocionado! Voy a hacer una fiesta este fin de semana. Vent si tienes tiempo. Hasta pronto.

解説 promocionar（昇進させる）よく耳にする単語です。また「自分が昇進する」という自動詞なのではなくて、「昇進させる」という他動詞であることに気を付けましょう。つまり yo he promocionado とは、「私が他人を昇進させた」という意味になります。

TAREA 1

解答

Formulario para inscripción
Nombre y apellido: Gonzalo Padrón
Sexo: Masculino   Edad: 47   Nacionalidad: Española
Si es menor de edad se necesita la autorización de los padres
Soy ☑ mayor de edad.   ☐ menor de edad.
Domicilio: c/Holandés 12 1° derecha, León   Estado civil: casado
Duración: 5 días
Destino:
Visitas optionales:
Excursión a   ☑ cuevas   ☐ granja   ☐ ninguna
Forma de pago: ☐ metálico   ☑ tarjeta de crédito   ☐ transferencia bancaria
¿Cómo nos conoció?   Un amigo mío me contó que tenían buenas ofertas.
¿Por qué nos eligió?   Porque tenían planes de viaje a Mallorca con una gran rebaja.

解説

```
旅行電話申込書
氏名：ゴンサロ・パドロン
性別：男性　　年齢：47　　国籍：スペイン
未成年の場合、両親の許可が必要です。
私は、　☒成人　□未成年　です。
住所：レオン市オランデ通り12番地1階右
婚姻歴：既婚　　　期間：5日間
目的地：
オプション：
オプションツアー：☒洞窟　□農場　□なし
支払方法：□現金　☒クレジットカード　□銀行振り込み
どのようにして弊社をお知りになりましたか。
　→友達が値引セールをやっていると教えてくれたので。
なぜ弊社のサービスをお選びいただけましたか。
　→マジョルカ島への旅行が値引きになっていたので。
```

オプションツアーなどは excursión（遠足）と表記されていることが多いです。これは旅行会社だけでなく、学校や会社のイベントでも同じ表記なので覚えておきましょう。

TAREA 2

Estimados señores: Me gustaría participar en la competición de ciclismo del mes próximo. Estoy físicamente bien entrenado y he ganado en una competición de mi pueblo. Espero su respuesta. Atentamente.

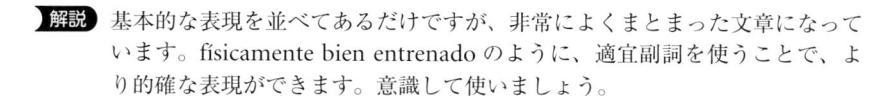

解説　基本的な表現を並べてあるだけですが、非常によくまとまった文章になっています。físicamente bien entrenado のように、適宜副詞を使うことで、より的確な表現ができます。意識して使いましょう。

TAREA 1

解答

Formulario de inscripción
Nombre y apellido: <u>Ana Valverde</u>
Sexo: <u>Femenina</u>   Edad: <u>27 años</u>
Nacionalidad: <u>Española</u>
Domicilio: <u>Avda./Gracia 114 3º derecha, Barcelona</u>
Estado civil: <u>soltera</u>
Número de documentación: <u>1245567</u>
Tipo de cuenta: ☐ corriente   ☑ de ahorros
Divisa: <u>euro</u>   Primer ingreso: <u>500euros</u>
¿Cómo nos conoció?
☐ Internet   ☑ Periódico   ☐ Revista   ☐ Tengo otra cuenta en este banco.

解説

氏名：アナ・バルベルデ
性別：女性　　年齢：27 歳　　国籍：スペイン
住所：バルセロナ市グラシア大通り 114 番地 3 階右
婚姻歴：独身
身分証明書番号：1245567
口座の種類：☐当座預金　☒普通預金
通貨：ユーロ　　入金額：500 ユーロ
どうやって知りましたか？
☐インターネット　☒新聞　☐雑誌　☐すでに口座を持っている

特に注意すべきは口座の種類です。cuenta corriente（当座預金）と cuenta de ahorros（普通預金）は、銀行で必ず見かける単語です。

TAREA 2

¡Hola! Voy a ir a Barcelona la semana que viene. Vente conmigo si quieres. Estoy seguro de que disfrutas. Espero tu respuesta. Hasta luego.

解説　Estoy seguro de que disfrutas.（楽しめると思うよ。）
接続法が使われていますが、期待したり、喜んだりするような感情の表現には必ず使われますので、個人的な手紙を書くときなどには使えると便利です。

respuesta 解答

TAREA 1

解答

Nombre: Amaia   Apellido(s): Etxebarria
Sexo: Femenino   Edad: 45
Fecha de nacimiento: 1965. 5. 12
Domicilio: c/Militares 54, San Sebastián
Nacionalidad: Española
Teléfono: 976 873 688   Teléfono móvil: 345 898 983
Correo electrónico: amaia@etxebarria.net
Prefiere... ☑ Alquilar   ☐ Comprar
Tipo de inmueble:
☑ Vivienda ☐ Oficia ☐ Garaje ☐ Terreno ☐ Naves y locales
¿Cuántas habitaciones quiere tener? 2 habitaciones
Escriba el precio máximo: 600-800euros
Forma de pago:
☐ metálico ☐ hipoteca ☑ domiciliación bancaria ☐ transferencia bancaria
¿Cómo encontró nuestra página web? Vi un anuncio en una estación de metro.
¿Por qué nos eligió? Porque el dependiente me atendió muy bien.

解説

名前：アマイア　　姓：エチェバリア
性別：女性　　年齢：45歳
生年月日：1965年5月12日
住所：サンセバスチャン市ミリターレス通り54番地
国籍：スペイン
電話番号：976 873 688　　携帯電話：345 898 983
メールアドレス：amaia@etxebarria.net
ご希望は：☒賃貸　☐購入
不動産の種類：
☐住居　☐オフィス　☒ガレージ　☐土地と店舗
ご希望の部屋数は：2部屋
予算の目安は：600〜800ユーロ
支払い方法：☐現金　☐小切手　☒口座引き落とし　☐銀行振込
当社のHPをどのようにお知りになりましたか。
　→地下鉄の駅で広告を見た。
なぜ当社をお選びいただけましたか。
　→担当の店員がちゃんと接客してくれたので。

TAREA 2

¡Hola! Soy José Bernal. Quiero crear un club de fútbol entre compañeros pero necesitamos más personas. Quienquiera que quiera participar al club llama a 12345678. Gracias.

解説 entre の使い方に注目です。友達同士でよく使いますので、用法を確認しましょう。ていますが、期待したり、喜んだりするような感情の表現には必ず使われますので、個人的な手紙を書くときなどには使えると便利です。

著　者
Emilio Gallego　　（エミリオ・ガジェゴ）
山本　浩史　　　　（やまもと　ひろし）

MP3付
しっかり学(まな)ぼう！
外国語(がいこくご)としてのスペイン語検定(ごけんてい)
2015年6月25日　第1刷発行

著　者——Emilio Gallego
　　　　　山本　浩史
発行者——前田俊秀
発行所——株式会社　三修社
　　　　　〒150-0001
　　　　　東京都渋谷区神宮前 2-2-22
　　　　　TEL 03-3405-4511 / FAX 03-3405-4522
　　　　　振替 00190-9-72758
　　　　　http://www.sanshusha.co.jp/
　　　　　編集担当　永尾真理
印刷所——広研印刷株式会社

© 2015 Printed in Japan　ISBN978-4-384-05776-8 C1087

カバーデザイン —— やぶはなあきお
　　　　　DTP —— XYLO

R〈日本複製権センター委託出版物〉
本書を無断で複写複製（コピー）することは、著作権法上の例外を除き、禁じられています。本書をコピーされる場合は、事前に日本複製権センター（JRRC）の許諾を受けてください。
JRRC〈http://www.jrrc.or.jp　eメール：info@jrrc.or.jp　電話：03-3401-2382〉